# はじめに

きっかけは、〝菓子〟と〝旅〟。全国各地の郷土菓子の、意匠や名やパッケージや歴史や背景に潜む物語に魅了された私は、まだ見ぬお菓子に出合うため日本中を旅するようになった。あるいは別の所用で旅に出ても、合間を縫ってその土地ならではのお菓子を探し歩き回る。そのうち気がつく。日本には、和菓子屋や洋菓子屋でありながらパンを扱う店がいくらもある。こうして郷土のお菓子とともに、土地土地のパンへの関心もするする動きはじめた。

パン屋にも和洋の菓子や、〝これはもはやお菓子の類とも言えまいか〟と思うようなパンが並ぶが、〝菓子パン〟という概念は、どうやら日本独自のものらしい。特に戦前の日本人は、あんパンや甘食やシベリアのように、お菓子のような甘いパンを好んで食べたようだ。

日本人が朝や昼に食事としてパンを食べるようになったのは戦後から。私が個人的に心惹かれ、これまでに採集した地域色の強いパンを扱うパン屋の多くが、昭和20〜30年代に創業し、学校給食を手がけてきた歴史がある。戦後の貧しい時代から地元の食を支えてきたのだ。今回、店やパンの紹介で、できるだけ創業年やパンが生まれた端緒を記しているのも、それが地元との深い結びつきを表すから。

地元パン採集をはじめて10年近く経つが、一個人で可能な限りの活動だから、全国の〝地元パン〟を網羅しきれているかというとそうではないし、本書の制作中に店主がご高齢で店を畳んでしまったり、諸事情で掲載できなかった店やパンもかなりある。けれどもどのパンも、いい味、いい顔、いい物語であることに間違いはない。

みなさんの地元に根付くパンはどんなパン？　今度パンを求めるときは、それがどんなふうに生まれたか、パン屋の成り立ちを思いながら味わうと、さらに滋味も増すでしょう。

# 種類別採集

これまで味わい、成り立ちや存在感にも興趣を抱いた、さまざまな地元パン。種類別にわけてズラリとご紹介。

下

**ジャムパン**
**銀座木村家／東京**

明治33年に、三代目・木村儀四郎が開発。日露戦争中、陸軍に納めていたビスケットサンドを応用し、そのジャムをパンにも活用。伝統の杏ジャムを酒種パンで包んで鰹節型に焼き上げる。

中

**酒種あんぱん 桜**
**銀座木村家／東京**

初代は明治2年、日本人初のパン屋を開業。明治7年、酒まんじゅうに着想を得て、こし餡の「けし」とつぶ餡の「小倉」あんぱんが誕生。翌年、桜の塩漬けを埋めた「桜」を明治天皇に献上し大流行。

上

**元祖カレーパン**
**カトレア洋菓子店／東京**

前身は明治10年創業「名花堂」。洋食ブームがおこった昭和初期、人気だったカレーライスのルーをパン生地で包み、カツレツのように衣をつけて揚げたのが始まり。カツレツの形に倣い楕円形に。

◎日本のパンの礎を築いた

# 元祖のパン

下

## 元祖コッペパン

**Bakery&Cafe マルジュー大山本店／東京**

日本で初めてイーストでの製パンを開発したのが、大正2年に丸十製パンを創業した田辺玄平。食パンの配合で兵糧としてコッペパンを考案し軍に納品。ふっくらおいしいパンを一般家庭に普及させた。

中

## こだわりクリームパン

**新宿中村屋／東京**

明治34年創業の中村屋。その3年後、シュークリームに着想を得て創業者夫婦が創案したのがクリームパン。最初は柏餅型で、後にグローブ型に。中華まんじゅう、月餅、純印度式カリーも生み出した。

上

## フランスパン バゲット

**関口フランスパン／東京**

明治21年、フランス人宣教師の指導で小石川関口教会附属・聖母仏語学校製パン部として創業。日本で最初に本格的なフランスパンをつくり、各国大使館や在留外国人、一般家庭からも需要を集めた。

**コロッケパン**

**チョウシ屋／東京**

昭和2年に精肉店として創業。洋食のメニューだったコロッケを惣菜として売り出した最初の店。昭和24年に近所の印刷工場からの要望でコロッケパンをはじめた。コッペパンの他、食パンも選べる。

## スナックサンド タマゴ

**フジパン／愛知**

大正11年、名古屋でパン・菓子の製造販売を開始。家庭の味を手本に、パンの耳を落とし、しっとり食パンに具材をはさんで、昭和50年に発売。片手で手軽に食べられる携帯サンドイッチの元祖。

# あんパン

◎日本独自の菓子パンの王さま

上

**特製あんパン・こしあんパン**

**中村屋／千葉**

大正8年、中村屋本郷店から独立し創業。館山駅前店1階はパンと焼菓子がずらり。2階は喫茶部。つぶ餡がみっしりつまった特製あんぱんと、なめらかなこし餡のこしあんパンはケーキに類する満足感。

左

**くまぐすあんぱん**

**ララ・ロカレ／和歌山**

観光案内誌を制作した縁でたびたび通う田辺市。世界的学者・南方熊楠が暮らした町の新名物。徹夜の際、必ずあんぱんを6つ用意した熊楠の逸話にちなみ、こし・酒種・紀州梅など6種の味が揃う。

# ジャムパン

◎割って香る甘いくだもの

下

### ジャムパン

**相馬屋菓子店／岩手**

昭和25年創業。菓子店というだけあって、もっちりとした生地の中に、ぎゅっとつまったいちごジャムは、たちまち疲れが吹き飛ぶ癒しのあまあじ。スーパーでも販売され、地元では知らぬ人なし。

上

### ジャムソボロパン

**清水屋パン店／静岡**

あんパンやクリームパンが主流の昭和30年頃、新たな品をとミックスジャムをパン生地で包み、小麦粉・砂糖・油脂・卵を混ぜたソボロをのせて焼成。発売時は贅沢品と喜ばれた。地元の高校でも販売。

# クリームパン

**うさぎパン**

**リバティ／東京**

このおとぼけ顔に会いたくて、下町・谷中のよみせ通りを目指す。しっとり生地の中身は、まったり優しいカスタードクリーム。ナイフを入れた断面からレーズンがこぼれ落ちるぶどうパンも名物。

下

### カスタードクリームパン

**三葉屋／愛媛**

昭和25年の創業時から無添加を貫くパン屋。クリームパンは、噛みごたえのある生地と、玉子と牛乳でなめらかに仕上げたカスタードクリーム。昭和天皇御来県の際には食パンを献上したことも。

上

### クリームパン

**湘南堂／神奈川**

江の電・江ノ島駅からすぐ。昭和12年より無添加パンをつくり、古くは「片瀬のパン」と親しまれた。グローブ型の生地には、ぽってりなめらかなカスタードクリームが。紙袋のイラストにも和む。

左

**メロンパン**

**オギロパン／広島**

関西地方では、一般的な円形のメロンパンをサンライズと呼び、アーモンド型で白あん入りをメロンパンと呼ぶ店が多い。ビスケット生地に包まれたオギロパンのメロンパンはカスタードクリーム入り。

右

**コッペパン**

**オギロパン／広島**

昭和20年代頃までに開業した中国・四国地方の一部のパン屋では、いわゆるメロンパンをコッペパンと呼ぶ店が多い。一方、いわゆるコッペパンは味付けパンや給食パンと呼ぶ。定かでない起源に興趣が傾く。

◎地域ごと異なる様式

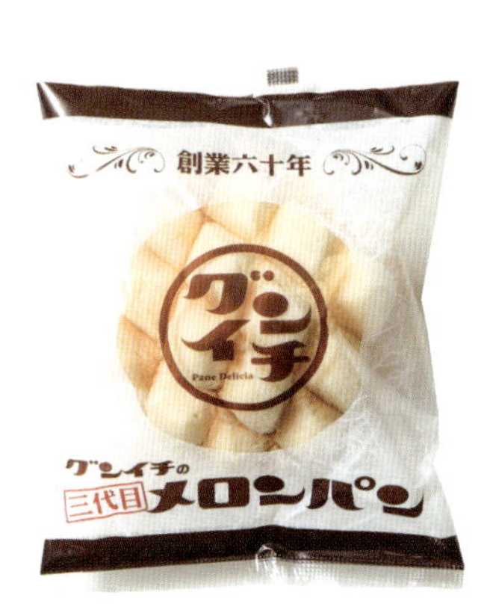

左下

**グンイチの
カリカリメロンパン**

**グンイチパン／群馬**

「群馬で一番おいしいパン屋になろう!」と自転車の荷台にのせてパンを売りはじめたのが昭和29年。きっちり筋目の入ったメロンパンはその頃から販売。卵白を使ってカリカリ音をたてる独自の皮に。

右下

**メロンパン**

**石井屋／宮城**

和菓子屋として昭和3年に創業。パン屋をはじめた2代目が昭和30年頃から売り出した独特なメロンパン。歯切れのいいバターロール生地にそぼろをまぶし、中にはしっとりのカスタードがたっぷりと。

左上

**岡パンのメロンパン**

**岡田製パン／静岡**

実はこちら、メロンパンではありません! クリームチーズ入りパンを「メロンパンください」と言う人がおり、倉庫にあったメロンパンの袋に入れたところ評判に。これぞメロンパンと育った掛川っ子多し。

右上

**メロンパン**

**新田製パン／群馬**

格子状ではない縞の模様がチャームポイント。外皮のビスケット生地のさっくり感をあえて控えめに残し、しっとりふんわりとした口当たりを感じられるよう職人が手づくり。花柄袋も愛らしい。

◎姿も名前もチャーミング

# チョコレートパン

**チョコブリッコ**

**日糧製パン／北海道**

ホイップクリームをサンドしたココアケーキをチョコでコーティング。ぶりっこという言葉が流行した1980年代に誕生。イラストの女の子・チョッコちゃんは松田聖子をイメージしているとか!?

### サンミー

**神戸屋／大阪**

“お菓子のように気軽に味わえるデニッシュ”との思いで昭和46年に誕生。クリーム＋パン生地上のビスケット生地＋線書きチョコ＝3つの味で「サンミー」。社名は神戸屋でも約100年前に大阪で創業。

### ベストブレッド

**富山製パン／富山**

食べ応えがあって、40年前から富山の高校でも大人気。チョコクリームを揚げパンではさみ、さらにカステラ生地をのせて焼き上げる。製造は大正13年に富山で最初にできたパン工場。

### ベタチョコ

**たいようパン／山形**

東京オリンピック開催と同じ昭和39年に発売。バタークリームを塗ったコッペパンの開きに、溢れんばかりにチョコレートをコーティング。閉じて食べればチョコの密度が増し通好みと言われる。

### 開きチョコ

**りょうこく／山形**

発売は50年前。開いたコッペパンにバタークリームをのせて、口溶けのいいチョコレートでコーティング。昭和22年創業の「りょうこく」は、山形県内の学校給食でパンや米飯の供給もしている。

◎こっくり落ち着く

# コーヒー風味パン

左

**コーヒースナック**

**さわや食品／富山**

コーヒー風味のイギリス食パンを2枚重ね、その間に甘いコーヒークリームを塗ったパン。トーストすれば香ばしさが加わり美味。1枚ずつ食べる人も多い。スーパー・コンビニ・学校などで販売。

右

**元祖コーヒーパン**

**二葉屋パン店／福島**

半世紀以上、変わらぬパッケージとつくり方。先代が好物のコーヒーをパンでも味わいたいと考案。コーヒーバターを生地に練り込み焼くと底面に黒く染み出し、キャラメルのような香ばしい風味に。

**食パン**

**ニコラス精養堂／東京**

明治45年に青山でミルクホールとして創業。関東大震災後に世田谷へ移転。戦後、パンの食糧配給事業に携わる。卵・牛乳未使用でほんのり甘く小麦が香る食パン。ごはんのように毎日飽きずに食べられる。

## 食パン系

◎山あり角ありサンドあり

**イングランド**

**ウチキパン／神奈川**

イギリス人経営のパン屋を引き継ぎ明治21年に創業。日本人による日本人のための食パン販売発祥の店。自家製ホップ種で長時間発酵し、手焼きするイギリス食パン。もっちり食感でうまみたっぷり。

## あん食

**焼きたてのパン トミーズ／兵庫**

1990年頃、餡入り食パンをという客の要望に応え先代が考案。最初は一人に特別販売していたが次第に口コミで評判に。生クリームを混ぜまろやかにこねた食パン生地に、粒餡を合わせ焼き上げる。

**サンドイッチ**
**亀井堂／鳥取**

鳥取で「黄色い袋のサンドイッチ」といえばの名物パン。明治創業の老舗が昭和20年頃からつくる。耳付き食パンにイチゴジャムとピーナツバターを塗ったもの。4枚分の食パンでボリュームたっぷり。

## 食パンピーナツ

**辰野製パン工場／長野**

厚くスライスした幅広の山型食パンに、口溶けのよいピーナツバターを塗っている。店の周囲には学校が多く、お腹をしっかり満たすから子どもたちにも嬉しいおやつ。他にココナツあんパンも名物。

### イギリストースト
**工藤パン／青森**

青森の一部で知られた食習慣を参考に、山型のイギリス食パンにマーガリンを塗り、ジャリジャリ食感のグラニュー糖をかけて販売。発売当初の昭和42年頃は食パン1枚だったが、後に2枚合わせに。

### マーガリンサンド
**白石食品工業／岩手**

昭和23年から続く製パン会社の定番パン。イギリス風の山型食パンを2枚合わせ、マーガリンをサンド。軽くトーストして食べても。パッケージに描かれているキャラクターは"シライシ坊や"。

### 食パン
**太豊パン店／長野**

飯田のホテルの朝食に並ぶパンが、ふんわりしっとり歯切れがよくて、そのまま買いに出かけた。昭和6年の創業時に日清製粉の技術者と開発し、今上天皇が飯田を訪れた際に献上したという。

### アベックトースト

**たけや製パン／秋田**

アベックという言葉が流行った昭和30年代に発売。マーガリンとイチゴジャムを半々に塗った2枚合わせの食パンが2セット入ってボリューム大。ジャムを混ぜたりパンを折ったり食べ方もそれぞれ。

### ラブラブサンド
### ピーナツ・チョコレート

**日糧製パン／北海道**

1984年の発売当時、言葉を2つ重ねることが流行していたのと、1袋に姿形が愛らしいパンが2枚入った特長から名付けられた。シリーズ化され季節や時代ごとに中の具材も入れ替わる。

**ビーフカレーパン**（丸十100周年記念）
**丸十山梨製パン／山梨**

丸十の祖・田辺玄平氏は米国から帰国後、大正2（1913）年に上野でパン屋を創業。「丸十山梨製パン」はそこから職人を派遣してもらい大正10年に開業した。100周年にあたる平成25年に、丸十の組合で田辺氏を偲んでつくったビーフカレーに、牛肉を入れ焼き上げた。

# カレーパン

◎お腹も満足惣菜パン

**カレーパン**
**蜂の家／長崎**

軍港として栄えた佐世保で、昭和26年に喫茶店として創業。欧風カレーとシュークリームが名物に。半世紀以上地元で愛されるビーフカレーを、もっちりとしたドーナツ生地で包んで揚げている。

◎朝食のおとも

ロールパン

上

**ロールパン（小）**

**ペリカン／東京**

昭和17年の創業当時は菓子パンなども扱っていたが、その後、食パンとロールパンのみに絞った販売に。こんがり焼いたりあれこれはさんだり。東京暮らしで、ペリカンのパンがある朝は幸せ。

右

**玉子パン**

**アジア製パン所／群馬**

戦前から大阪で製パン業を営んでいた創業者。戦火を逃れ故郷の前橋で戦後すぐにパン屋をはじめた。物資に乏しかった時代。小麦粉、玉子、砂糖だけでおいしいパンをと完成。地元の食生活を支えた。

◎戦後の食糧難を支えた

たまごパン

◎甘さも個性もいろいろ

# クリーム系パン

左ページ上

**タマゴパン**

**一野辺製パン／岩手**

鶏卵を使用してふわっと黄色く焼き上げた大ぶりのパンに、甘さ控えめのホイップクリームをはさむ。昭和36年からのロングセラー菓子パン。直売所以外では、岩手や青森のスーパーで求められる。

左

**キリンちゃん**

**丸二製菓 こんがりあん／静岡**

丸二製菓として創業した昭和28年当時。まだ珍しかったキリンの首に見立て、1本ずつ生地を手でのばし、焼き上がったパンにミルククリームをはさむ。60年以上変わらず子どもやお年寄りに大人気。

右

**フランスパン**

**さわや食品／富山**

スーパー・学校・病院などで販売をおこなう卸売専門のさわや食品。「昆布パン」は昆布好きな富山県民におなじみ。ソフトフランスパンにホイップクリームをはさんだフランスパンの存在感たるや！

**左下**

**パピロ**

**マルツベーカリー／奈良**

渦巻き模様のパンに、ミルクバタークリームをはさんだ「パピロ」は、昭和23年の創業時からの看板商品。食パンにこしあんを挟んで揚げた「アンフライ」も桜井市民のソウルフード。

**右下**

**デセール**

**ヨシノパン よしのベイカリー／愛知**

東海道の宿場町が置かれ東西文化が融合する東三河地方の、数軒のパン屋のみがつくる菓子パン。昭和初期、関東の甘食が手本のソフトな生地に、バタークリームを塗ったのが起源という説も。

**中**

**ファミリーロール**

**ハマキョーパン／沖縄**

家族で仲よく手頃な価格でおいしいパンを食べられるようにと考案されたクリームパンのセット。昔、我が家も、休日のおやつに家族みんなで菓子パンを食べたっけ。糸満市のスーパーや移動車で販売。

# パンの旅 1

## 〈旅する先で出合ったパン〉

パンにまつわる旅の記録。旅するさなか、偶然出合ったパンもあれば、そのパンを食べてみたい一心で目指した町もある。

Column

旅先でビジネスホテルに泊まるときは、たいていは素泊まりを選ぶ。それというのも地元パン探訪のため。前日に買っておいたパンを食べることもあれば、少し早めに目覚ましをかけ、まだ覚めきらぬ目をこすりながら、散歩がてら朝の町へ朝食を買いに出かけたり。その町一番の老舗まで、借りものの自転車を走らせてみたり。一日の最初にとる食事が、

**下3点**／山梨・富士吉田市の「萱沼製パン」。卸しを主とする工場の一角で「食パンつけ合わせ」の販売も。注文後に食パンをカットしジャムやクリームを塗って完成。

その土地なじみの味であれば、町とぐっと親しい間柄になれたような気がしてくる。

パン専門店。菓子屋。喫茶。スーパー。コンビニ。駅の売店。道の駅。地元パンは不意に目の前に現われるから気が抜けない。出合えたからと言ってあとまわしにでもしてしまえば、たちまち先に他の人が持ち帰る。かわいいなあ。お、粋だね。いい顔してる。いい味出てるよ。パンや店に向かって、ついつぶやきがこぼれ落ちる。

まだまだ行ってみたい町があり、いつか食べてみたいと思う味は尽きない。さらに、好みのパンに出合えた記憶は、再訪への願いもつのる。

私のパンの旅は、空腹を満たすためでなく、町を、人を、時代を、もっと好きになるための旅だ。

れた時期は異なり、現在取り扱い内容が変更になっているところもあるため各店へのお問い合わせはご遠慮下さい。（P.30～33、56～59、78～79、90～91）

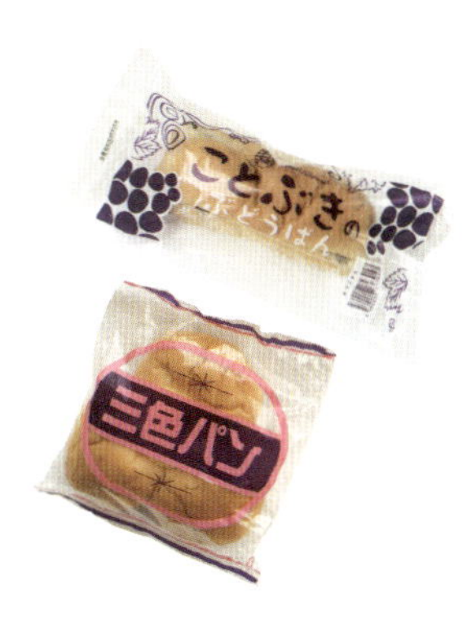


**上2点**／大正5年創業「友永パン屋」。友が暮らす大分・別府で一番の繁盛店。小倉・こし、2種類あるあんぱんは、これまで食べたあんパンの中でもっとも好み。クリームパン「ワンちゃん」も定番。

**右上**／「寿屋」のぶどうパン。姫路のスーパーで購入。1960年頃からつくっているそう。 **右下**／クリーム、チョコレート、あんが入った三色パン。新潟・佐渡「中川製パン所」のパン。購入はスーパー。 **下3点**／京都・伏見の納屋町商店街に所在する「ササキパン本店」。創業は大正10年。左のアンゼリカがちょこんとのったクリーム入りパンは「ライン」という名。

**左**／「あのパンが食べてみたい、そうだ旅に出よう」と思いたったとき。身につけ出かけるパンのブローチ。「あら、いいわね」と、パン屋さんとのはなしが広がるきっかけになったことも。

**右2点**／東京・墨田区キラキラ橘商店街のコッペパン専門店「ハト屋」。創業大正元年。今も大正時代製のガス窯をつかってパンを焼く。注文するとジャムやピーナッツクリームを塗ってもらえる。



※コラム「パンの旅」①～⑤は、著者が実際に訪ねて食したパンやその店の様子を書き留めた当時の記録を元に編集した、旅のルポルタージュです。各店を訪

刻みたくあんをマヨネーズで和えた「サラダパン」で全国的にその名を知られる、滋賀・長浜の「つるやパン」へ。お腹がすいた帰り道、駅のホームで魚肉ハム入り「サンドウィッチ」をぱくり。

屋久島を旅したときのこと。地元の人に「島にはパン屋さんがほとんどなくて、パンが食べたいときはここで買う」と教えてもらった「平海製菓」。和洋菓子、食パン、菓子パンが仲良く並んでいた。

新潟・下越地方の屋台でおなじみ「ポッポ焼き」。専用の焼き器から蒸気が出るため「蒸気パン」とも呼ばれる。材料は、薄力粉、黒砂糖、炭酸、ミョウバン、水。もっちり甘い素朴なおやつ。

山形・酒田を旅したとき、帰路の電車の中で食べたのが、明治35年創業「酒田木村屋」のランチパン。黄色い袋はメンチカツ入り。緑の袋はポテトサラダ入り。どちらもふわふわのコッペパン。他にピーナッツクリームもあり。

神戸を旅して新幹線に乗車する前、必ず立ち寄り、パンやバターや焼菓子を買って帰る「フロインドリーブ」。ドイツ人の創業者と日本人妻は、昭和52年放送のNHK連続テレビ小説「風見鶏」の主人公のモデル。

小田原駅前「守谷製パン」で、あんパン、ジャムパン、甘食を買い、元は田中光顕伯爵別邸「小田原文学館」の庭園で賞味。甘食にはピーナツバターを塗ってもらえる。

設計は志賀直哉の弟で、建築家の志賀直三。墨田区の向島でひときわ豪奢な喫茶店「カド」へは、旅するような心持ちで出かける。マスターが焼く、くるみパンが名物。

福岡を代表する地元パンといえば、「リョーユーパン」の「マンハッタン」。発売40周年を記念して限定でつくられた手ぬぐいも、パンの旅のおとも。

年に一度は訪れる熱海。県道103号線を通るたび、「パンとケーキ」と味のある看板に目がとまる。店の名は「みのや」。ショーケースの中、ピザパン、サラダパン、ドーナツなど、素朴で懐かしい様相のパンが並ぶ。

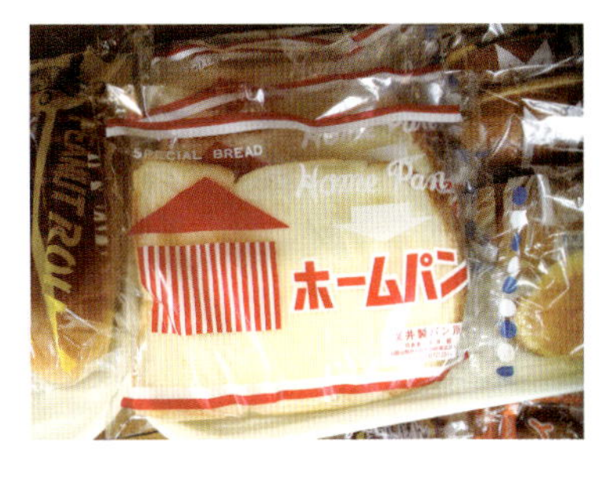


たびたび旅する、和歌山県田辺市。隣町・みなべ町に所在する「室井製パン所」のパンを地元の人にすすめられ、工場の一角にある直売所を訪問。いい顔をしたパン揃いで、おみやげにもできるから全種類おとな買い。

**右2点**／福岡・小倉を訪れて感激したのが駅前の「シロヤベーカリー」。ショーケースにぎっしりの洋菓子とパン。1個50円以内・100円以内のパンやお菓子があまた。子どもたちもおやつを買いにやってくる。

◎部活帰りを思い出す

# コッペパン系

**あんバターサンド**
**ピーナツバターサンド**
**バナナサンド**
**ジャムバターサンド**
**福田パン盛岡本店／岩手**

宮沢賢治の教え子だった初代が昭和23年に創業。学校風の本店では、ぷっくり膨れたコッペパンに好きな具材をはさんでもらえる。こちらはスーパーなどで販売される袋入りで、30種近くある。

左

**ジャリパン**

**ミカエル堂／宮崎**

カトリック信者の創業者が教会で外国人神父にパンづくりを習い昭和元年に創業。コッペパンにバタークリームと砂糖を混ぜてはさんだところ子どもたちがジャリパンと呼びはじめその名が定着。

右下

**サンドパン**

**スペイン石窯 パンのカブト／新潟**

新潟ではバタークリームを塗ったコッペパンをサンドパンと呼び複数の店が製造。戦前創業のカブトでは、ふっかふかのコッペパンに口溶けのよい自家製クリームをはさむ。昭和20年代からの看板商品。

右上

**しゃりしゃりパン**

**オギロパン／広島**

地元では味付けパンと呼ばれるコッペパンに、砂糖のシャリシャリとした食べ口を活かした秘伝のクリームをはさむ。大正7年創業のパン屋で、昭和30年代からの一番人気。店頭にはフルーツ風味も。

下

**フレッシュロール**

**名方製パン／和歌山**

アメリカ帰りの初代が創業した明治36年から100年以上つくり続けるコッペパンは、ほんのり甘くソフトな歯触り。マーガリンをぬったフレッシュロールの他、チョコレートやピーナッツクリームも。

中

**ダイヤミルク**

**アメリカパン／佐賀**

コッペパンの間にはさんでいるのは、きらきら輝く砂糖をまぶしたミルククリーム。昭和26年の創業時、他にはないパンをと生まれた。砂糖をダイヤに見立てた名は甘いものが貴重だった時代を物語る。

上

**昔ながらの給食コッペパン**

**新田製パン／群馬**

大正6年創業。戦後から学校給食のパンをつくり子どもたちの成長を支えた。コッペパンは学校給食と同じように添加物を一切使わず焼き上げる。売り場併設の工場は煙突がそびえ店構えまで味がある。

### チョコバターサンド

**武藤製パン／秋田**

しっとりコッペパンの間にチョコチップをちりばめたバタークリームがたっぷり。50年以上前から愛され、パッケージデザインも秀逸。あんやカスタードクリーム入り「油パン」も同じくロングセラー。

**サンオレ**
**山口製菓舗／千葉**

外皮は香ばしく内側はふんわりソフトに焼いたパンに、素朴で懐かしい母の味を思い出す手づくりサラダを詰めた食事パン。50年近いロングセラー。戦前から伝わる「木の葉パン」なる菓子も名物。

◎満腹満足食事パン

## 惣菜パン・サラダパン

右

### ちくわドッグ

**サンドウイッチパーラー・まつむら／東京**

風情ある人形町で大正10年に創業した老舗。横切りしたちくわの溝にツナマヨネーズのソースを詰めてコッペパンの間に。噛み応えがあってお腹も満足。袋の“7”と“six”のデザインは営業時間を表す。

下

### カルネ

**志津屋／京都**

カルネはフランス語で地下鉄回数券の意味。その名の通りリピーターが多く最人気。丸く柔らかなフランスパンにハムとオニオンスライスをはさむ。1975年頃、日本人向けのカイザーロールをと開発。

上

### ホットドッグ 野菜・玉子・肉ミンチ

**東京堂パン国分店／福岡**

コッペパンのホットドッグ。上はキュウリ入り玉子サラダ。中はキャベツのマヨネーズ和えとハム。下は肉ミンチのマヨネーズ和えをレタスとともに。昭和34年から続く見た目もレトロな惣菜パン。

上の一番下と左

### ホットドッグ

**木村屋／福岡**

昭和23年頃、アメリカのホットドッグを噂に聞いた創業者は「暑がりの犬」をイメージ。プレスハムを犬の舌に見立て野菜サラダとともにバンズにはさんだのがはじまり。駅売りされるほどの名物に。

**サラダパン**

**西村パン／茨城**

昭和23年より学校給食パンの卸しを主に営業。サラダパンは常時店頭にあるわけではないので要予約。甘みのあるパーカーハウスパンに、ポテトサラダをはさんでいる。創業時から続く味。

**本家サラダパン**

**ぱんのいえ 思案橋店／長崎**

大正6年に創業し、学割や24時間営業で知られた東洋軒閉店の際、レシピを引き継ぎ東洋軒跡地にオープン。ロールパンにポテトサラダとプレスハムをはさんだ調理パンは、長崎っ子の青春の味。

## よつわりパン

**原町製パン／福島**

学校給食パンで知られるパン屋。55年前の発売時にフラワーパンと名付けたが、客が「よつわりパン」と呼ぶように。あんパンやクリームパンが主流な中、新たな品をと、あんと生クリームを合わせた。

◎給食パンの懐かしさ

# 学校系パン

**きな粉パン**

**欧風パン ナカガワ／佐賀**

福岡から佐賀に移り40余年。地元では学校パンの店と親しまれるパン屋で、昔ながらの学校給食をヒントにつくりはじめた。ぷっくり揚げたコッペパンに、砂糖を混ぜたきな粉をたっぷりふりかける。

**ネギパン**

**高岡製パン工場／熊本**

創業者は学校給食工場で修業。20数年前、男子校の生徒からネギ嫌いの友人にネギ入りと分からぬパンをと依頼され誕生。柔らかな食感の生地に、葉ねぎやかつお節、ソースを合わせお好み焼き風に。

左上

### 学校パン

**萩原製パン所／山梨**

地元の小麦を使った生地に昔は貴重だった砂糖をかけ、学校の入学式や卒業式で配り人生の門出を祝った。山梨市の学校給食をつくる製パン所の素朴な味。学校でもらえる甘いもの、殊に嬉しかったなあ。

左下

### 祝パン

**町田製パン／山梨**

かつて小麦の産地だった山梨市・甲州市で古くから親しまれ、学校パンやかたパンとも呼ばれる。学校、祭り、結婚式、正月、成人式、お祝いごとで配られる。甲州市では学校給食でおなじみのパン屋。

下

### 学生調理

**たけや製パン／秋田**

コッペパンに、ナポリタン、キャベツサラダ、魚肉ソーセージフライのソースがけをはさんだ惣菜パン。昭和61年に学校の売店にサンプルで出したところ大人気に。学生調理と名付け販売をはじめた。

◎由来はいかに？

# 不思議な名前のパン

**栄養パン**

**新田製パン／群馬**

大正6年の創業時から変わらぬ味。生地に黒蜜、レーズン、甘納豆を練り込み、コッペパン型に焼き上げる。まだ食が豊かでなかった時代、少しでも栄養がとれるようにと創業者が思いを込めた。

## 記念パン・恋人パン

**広進堂／宮城**

明治18年に砂糖屋として創業。上は昭和天皇の誕生を記念に。生地に練り込んでいるのは大納言。下は片側にカスタード、もう片側にチョコクリームをつめたコロネ。恋人のようだと常連客が命名。

**倉敷ローマン プレーン・紅麹・抹茶**

**ニブベーカリー／岡山**

ローマンとは労研饅頭の略。戦前、倉敷紡績工場内に開設した倉敷労働科学研究所で女性労働者の栄養食として誕生。小麦粉・砂糖・酒種など熟成発酵した生地を蒸し、甘酒のような滋味が口に広がる。

左下

### 元祖温泉パン

**温泉パン／栃木**

昭和30年頃、学校給食用のパンのあまり生地で3時休みに職人が焼いたのが原型。喜連川に温泉が湧出したのを記念に名付けられた。フランスパンより柔らかく噛むほど甘さを感じる。

右下

### かもめパン

**パン工房 蓮三／長崎**

有明フェリーの乗務員が乗客も喜ぶだろうとかもめの餌付けをはじめて生まれた、かもめ専用の天然酵母おやつパン。とはいえ人も食べられる。かもめの飛来時期にフェリーの売店で販売。

左上

### シンコム3号

**イケダパン／鹿児島**

ブッセに近いふわっと丸い生地の間に、バタークリームを。東京オリンピック中継のため打ち上げられることになった世界初の静止衛星を記念して昭和36年に発売した菓子パンの復刻版。

右上

### たけの子パン

**ヤマトパン／愛知**

円すい状のデニッシュ生地にホイップクリームをつめた姿が、掘りたてのたけのこに見えるためその名に。クリームが溶けやすい夏は製造中止のため地元では幻のパンとささやかれる。

**水虫パン プレーン・ジャム**

**オカザキドーナツ／福島**

20年ほど前、コッペパン風味の足形のパンにカリカリのそぼろをふりかけ、水虫だと見せると子どもが吹き出し大笑い。遊び心が評判に。大サイズやクリーム入り、水虫ドーナツなどシリーズがある。

### パンの缶詰 メイプル味

**石窯パン工房 きらむぎ／栃木**

焼きたてのようにふかふかのパンが缶詰に。阪神淡路大震災で大量のパンを送ったが半分以上痛んでしまったのをきっかけにおいしく日持ちするパンを開発。海外の貧困地区にも届き世界の地元パンに。

### うずまきパン

**小古井菓子店／長野**

うずまき部分はカスタードクリーム。そのままでも美味しいがレンジで温めると中のマーガリンが溶けて甘塩っぱさが増しよりしっとりとした口当たりに。昭和7年に菓子店をはじめた初代からの味。

**鬼太郎パンファミリー**

**神戸ベーカリー 水木ロード店／鳥取**

水木しげるの故郷・境港市の水木しげるロードに所在するパン屋には、7種類の鬼太郎パンが。鬼太郎はクリームパン、砂かけ婆はあんパン、ねこ娘はジャムパンと個性もそれぞれ。あらかじめセットになった箱入りもあり。

★本編で紹介しきれなかったパンたちを自分で撮りためたスナップ写真からコラージュで。（その1）

# パンの旅 ②

## 〈表情豊かな動物パン〉

昔から、町のパン屋さんに並ぶ、手づくり動物パン。食が細い子どもでも、楽しく食事ができるようにと、パン屋さんの優しさの形。

Column

森でパン屋を営むカラス家族を描いたかこさとし『からすのパンやさん』は、子どもの頃に大好きだった絵本。ぶた、ぞう、こねこ……あれこれ描かれる動物パンに憧れて、パン屋へと連れていってもらうたび、子ども向きに甘い具がたっぷり入った動物パンを探し、嬉々として選んだ。今でもパン屋で動物パンを見つけると、つい手がのびるのは、幼い頃の思い出ゆえ。愛嬌いっぱいの動物パンを味わうとき、顔いっぱい笑みをたたえて、口いっぱいパンをほおばった昔への、記憶の旅がはじまる。

ご近所・旅先、どこででも。見かけたら必ず手が出る動物菓子パン。好みを知る友人・知人から手みやげにいただくこともあり、どの顔がどのパン屋のものか失念も多く、店名抜きで記録写真をコラージュしました。

# パンの旅 ③

## 〈パンか？ 菓子か？〉

菓子屋に並ぶパンという名の菓子。パン屋でみかける菓子のようなパン。垣根を越えて行き来する、パンとお菓子の結びつき。

Column

「明治日本の産業革命遺産」として世界文化遺産に登録された韮山反射炉の建造に努めた江川太郎左衛門は、「日本人による日本人のためのパン」を最初につくったことで「パンの祖」と呼ばれる。しかし保存性と可搬性を目的とした兵糧としてのパンは、硬くパサパサしていた。その後、木村屋總本店が明治時代に酒種酵母菌で発酵させた生地のあんぱんを、丸

1・2／静岡・吉原で江戸時代創業の「南岳堂」。小麦粉・砂糖・卵・重曹をつかった和風クッキー「とりぱん」　3-5／福島・会津駄菓子の老舗「本家長門家」で、明治〜大正時代につくられた外来パン「滋養パン」を復刻。うさぎ、グローブ、お相撲さんなど子どもの好きな形。味噌、黒糖、ごまなど味も異なる　6・7／山形で求めた味噌味クッキー「高橋製菓」のみそパン。MISOの刻印がハイカラな存在としての発祥を物語る　8／大正時代に流行していた玉子パン。福井「ヨーロッパン キムラヤ」では、昭和2年の創業時からつくられる　9／小麦粉不使用だけれど、パンの名を冠する菓子として紹介。愛媛「ひなのや」はポン菓子の専門店。地元では米がパンとはじける音から、ポン菓子をパン豆と呼ぶ

十ぱん店が大正時代にイーストでの製パンを開発するまで、日本人にふっくらとしたパンのイメージはなし。かわりに、小麦粉を使った菓子にハイカラなイメージを重ね「○○パン」と名付ける店が多くあった。老舗菓子屋でパンの名を冠する菓子を見かけるのもその名残り。また、パンも洋菓子も窯を使うため、明治〜昭和初期創業の歴史ある店ほど、パン屋が菓子もつくり、菓子屋がパンもつくることがよくあった。

日本のパンと菓子の歴史は、ところどころで交わりながら、ともに発展してきた親戚のような関係。パンか？　お菓子か？　境界線をたゆたう品をつくる店に老舗が多いのも理由がある。その品誕生の物語をたどれば、土地柄までも見えてくるから、パンやお菓子の旅にまた出たくなる。

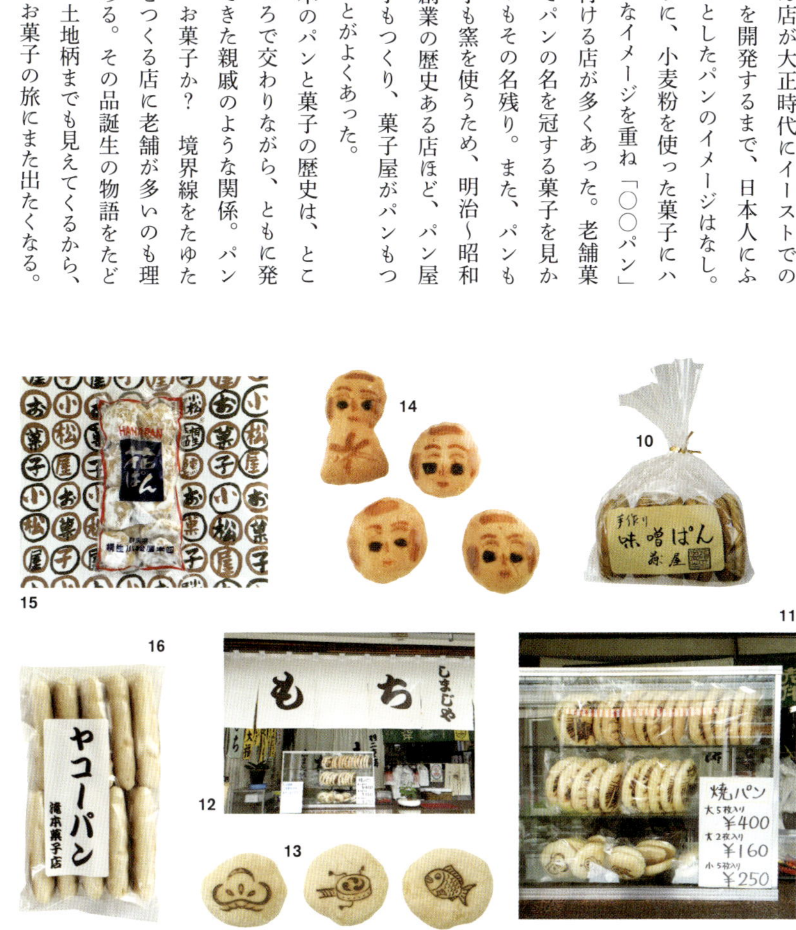


**10**／群馬・桐生「藤屋」の味噌ぱん。味噌だけでなく醤油も隠し味に　**11-13**／神事や運動会のあと和風クッキー「堅ぱん」が配られる風習がある三重・伊勢。「島地屋餅店」の「焼パン」も堅ぱんの一種　**14**／宮城・石巻「笠屋菓子店」の「こけし味噌パン」。明治時代からつくられる味噌パンを、こけしの形に　**15**／群馬・桐生で、数軒の菓子屋がつくる花ぱん。桐生天満宮の梅紋をかたどった生地に砂糖蜜をかけた菓子で江戸時代からつくられる。「小松屋」には他にチョコ花ぱんもある　**16**／新潟・上越市で戦前からつくられる「夜光パン」。原料は、小麦粉、卵、砂糖のみ。四角い生地を銅板で焼き上げ砂糖液にくぐらせ、表面についた砂糖の結晶がきらきら光る。「滝本菓子店」のもの

# パン？お菓子？甘い採集

おやつとしても味わいたい、甘いパンの数々。
パンという領域を越えたお菓子に通づる姿や名も。

油パン

◎男性も虜にする

右ページ

### アンドーナツ

**山口製菓店／秋田**

地元では油パンと呼ばれ、どっしりとした持ちごたえ。薄皮だから染み込む油は少量で見た目ほど重くない。銅釜で練ったこし餡を職人が手でパン生地に包んで揚げる。昭和38年の創業時から続く味。

上

### あんドーナツ

**中屋／愛知**

昭和11年に菓子屋として創業した老舗の名物。酒種で長時間発酵させた生地に水あめを加えることで、老化が遅く香りよくもっちりと仕上がる。中身はこし餡。最後にシナモンシュガーをまぶす。

下

### 油パン

**清川製菓製パン店**
**（清川製パン）／福島**

こし餡入りのパンをからっと油で揚げたパン。外皮はさっくり、内側はもっちり。甘いものは苦手だけれど、油パンは大好物という男性ファンも多い。名前からのイメージとは裏腹に、軽い後味。

◎牛乳とよくあう

# カステラパン

## カステラサンド

**中川製パン所／新潟**

佐渡旅のさなか、フェリーターミナルで採集。カステラパンは半世紀以上前から佐渡のパン屋で定番的につくられているそう。甘い菓子パン生地に、クリームとカステラをはさみ四角くカットしている。

## かすてらぱん

**ヤタロー／静岡**

昭和8年に中村時商店としてパン・菓子の製造販売をはじめ、今やバウムクーヘンの「治一郎」も手がける食品メーカーの人気パン。「ヤタロー工場直売店」や浜松市周辺、関東のスーパーなどで購入できる。

**ビタミンカステーラ**

**高橋製菓／北海道**

素材は、小麦、卵、蜂蜜、ビタミンB1・B2など。誕生は食糧難だった大正10年頃。栄養価値が高く、日持ちするように少ない水分量で考案。1本90円＋税と安価を貫き、スーパーやコンビニで販売。

上

**かすてらパン**

**キムラヤ／茨城**

カステラとバタークリームを菓子パン生地ではさみ、四角くカット。昭和28年、日立市市内の高校で販売するにあたり、学生が満足するボリュームあるパンをと先代が考案。店の創業は昭和14年。

左

**カステラパン**

**木村屋製パン／千葉**

学校給食パンや進物菓子もつくる店。天然酵母と海洋酵母で発酵させた菓子パン生地に、ふかふかのカステラと酸味がきいたイチゴとリンゴの特製ミックスジャムをはさみ、1枚の天板で焼き上げる。その後、三角形にカット。

◎組み合わせの妙

# ようかんパン

**ヒスイパン**

**清水製パン／富山**

創業者は元教師。元気な子どもを育てるためと昭和24年パン屋に転身。物資が乏しい昭和30年頃、あんパンの焦げ目を隠そうと近くにあった羊羹を塗り偶然に完成。名は地元のヒスイ海岸にちなむ。

**羊羹ぱん**

**菱田ベーカリー／高知**

創業者は戦後に呉服店からパン屋に転身。昭和40年頃、保育園用の紅白饅頭に羊羹で祝の字を入れていた。その余り羊羹をあんパンにつけたのが誕生のきっかけ。羊羹がパンのパサつきを抑える効果も。

### ラビットパン

**イケダパン／鹿児島**

白あんパン×羊羹。名の由来は、パンを月に見立て十五夜うさぎを連想したとか、黒く艶やかな見た目が黒うさぎのしっぽに似ているからという説が。昭和32年発売の品を復刻。10～4月の期間限定。

### ようかんぱん

**粉とたまごの工房 ふじせいぱん／静岡**

昭和10年に菓子屋として創業。まだ副材料に恵まれない昭和30年代に、高価だったチョコレートの代替として生まれたとも言われる。粒餡入りのあんパンに羊羹をかけバニラクリームをトッピング。

### サンスネーク

**山崎製パン／北海道**

ようかんパンは北海道でポピュラーな菓子パン。その代表格のひとつ。ツイスト状に形成したパンにミルククリームをはさみ、ようかんでコーティング。全国区の製パン会社の北海道限定商品。

# シベリア

◎映画『風立ちぬ』にも登場

**シベリヤ**

**こらくや／愛知**

地元の卵（ランニングエッグ）を使ったカステラの間に淡雪をはさんだ。亡き父が修業時代に学んだ味を独自にアレンジしたものを二人の娘が受け継ぐ。店舗はなく道の駅「藤川宿」で販売。

## シベリア

**コテイベーカリー／神奈川**

大正５年の創業からつくり続ける、明治生まれのシベリア。パン焼き窯の余熱で焼いたカステラとあんパンの餡を使い昔はどのパン屋もつくったそう。なめらかな羊羹とふっくらカステラが絶妙に調和。

◎おやつに満足

# 菓子パンいろいろ

## ビスケット

**たけや製パン／秋田**

ビスケット生地を折り込みツイスト状に焼いた、ほんのり甘いデニッシュパン。名前からのイメージ以上に柔らかく食べやすい。1970年代に誕生。当時の価格は60円で安くおいしく支持を集めた。

## コッペパンのラスク

**美よしの菓子店／茨城**

半世紀以上の看板商品・コッペパンを、さっくり軽いラスクに。添加物未使用のコッペパンは当日のみの賞味期限だけれど、ラスクならば手土産にもできる。焦がし風味のバターと砂糖たっぷり。

## うず巻パン

**富士製菓製パン／沖縄**

約50年前、物資が豊かでない時代に誕生。平たく焼いたパン生地に、しゃりっとした食感の砂糖入りクリームを塗り、くるっと巻いてカット。お土産用に日持ちする「うず巻きラスク」もつくられる。

**ウエハウスパン**

**八楽製パン／愛知**

手づくりバタークリームを塗ったふんわり柔らかなパンを、ピンクとグリーンのウエハースではさんでいる。発売された昭和32年頃、出回りはじめたお菓子・ウエハースと合わせたことで好評を得た。

**サーフィン**
**シロヤ／福岡**

昭和25年創業の、洋菓子とパンが並ぶ店。なめらかな口当たりのクーヘンを、しっとりとした食パンではさんだ、他にないサンドイッチ。ふわふわ×ふわふわの未体験食感。昭和60年頃から販売。

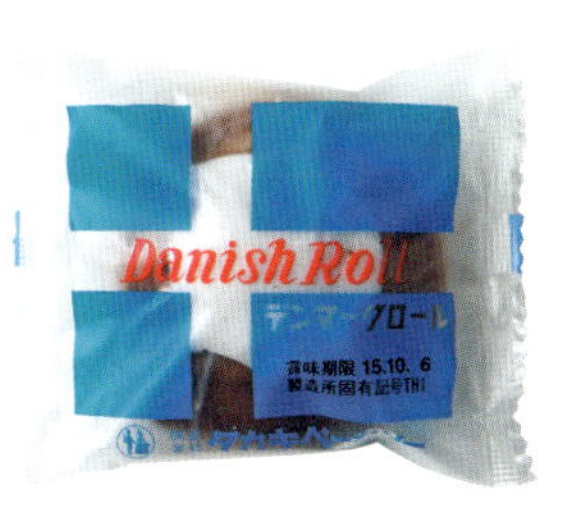

### 復刻版デンマークロール

**タカキベーカリー／広島**

溶かしバターを塗った生地をうず巻状に。フォンダンをトッピング。昭和34年、創業者がデンマークのホテルで食べたデニッシュペストリー再現のため、試行錯誤の途中でできた、ほんのり甘いパン。

### ラスク

**亀井堂／鳥取**

ひと口サイズの食パンの耳をシロップに漬けて焼き、しっかり歯ごたえのあるラスクに。元になる食パンの耳がとれるのは、1本の食パンから両端の2枚のみ。そのため週2回の限定生産。水玉模様の袋も愛らしい。

# 堅パン

**かたパン**
**だるま屋／福井**

小麦粉・膨張剤・砂糖・塩を合わせた生地を鉄板焼き器で堅く焼き、青のりをふりかける。昭和22年の創業時より、一枚一枚手焼きを続ける。伊賀忍者の非常食・かた焼の製法がルーツと伝わる。

**焼パン**
**島地屋餅店／三重**

材料は薄力粉・砂糖・膨張剤のみ。大正時代から焼パンをつくるおじさんの引退時に作り方を受け継いだ。焼印は伊勢神宮・正宮の他にも数種。昔は伊勢で紀元節のお祝いに子どもたちに配られたそう。

**くろがね堅パン**
**スピナ／福岡**

大正9年、汗を流して日夜働く従業員の滋養を目的に、官営八幡製鐵所で誕生。くろがねとは鉄の意味。長期保存できるように極力水分を少なくしたところ、鉄のように堅いパンができあがった。

**軍隊堅パン**
**ヨーロッパン キムラヤ／福井**

初代は東京・木村屋、二代目はヨーロッパで修業。司馬遼太郎も賛辞した昭和2年創業のパン屋。陸軍から指定を受け製造した兵糧を復刻。祖父・父の戦時中の体験や思いを紡ぎながら三代目がつくる。

### ロバのパン

**ロバのパン坂本／徳島**

昭和初期、全国チェーンで展開されたロバのパンブランド。卵・牛乳、添加物をなるべく使わず昔ながらの製法で、20種類以上の蒸しパンをつくる。通販の他、徳島・香川・愛媛を販売車で巡る。

## 屋台系パン

◎パンという名の屋台系おやつ

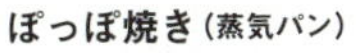

## ぽっぽ焼き（蒸気パン）

**こまち屋／新潟**

薄力粉に黒砂糖・炭酸・ミョウバン・水を加え、蒸気の出る焼き器で焼く、パンのようなもちもちの菓子。新潟下越地方の屋台の定番で行列ができるほど。明治終期に町民菓子として考案されたと伝わる。

## ぱんじゅう

**正福屋／北海道**

大正時代から存在し、炭坑夫や港湾労働者のおやつとして広まった小樽名物を受け継ぐ味。半円状のもちっとした生地の中、粒餡・こし餡・クリームがぎっしり。屋台風の店舗に行列ができる。

# パンの旅 ④

〈故郷・静岡のパン〉

私のなによりの地元パンは、故郷・静岡に根付くパン。帰省したり、旅するさなかで味わいながら、懐かしい記憶までも噛みしめる。

Column

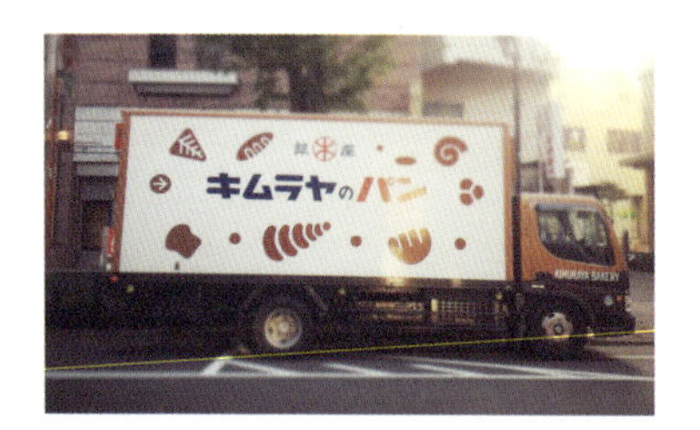


今の私の地元は東京。日々を楽しむために、いくつかの自分だけのジンクスを持っているのだけれど、「東京のまちなかで車体にパンが描かれた銀座木村屋總本店のトラックを見た日はいいことがおこる」もそのうちのひとつ。

静岡ではさまざまなパン屋が、富士山形のパンをつくる。末広がりの円すいの形は、静岡を象徴する地元パンの形と言えよう。

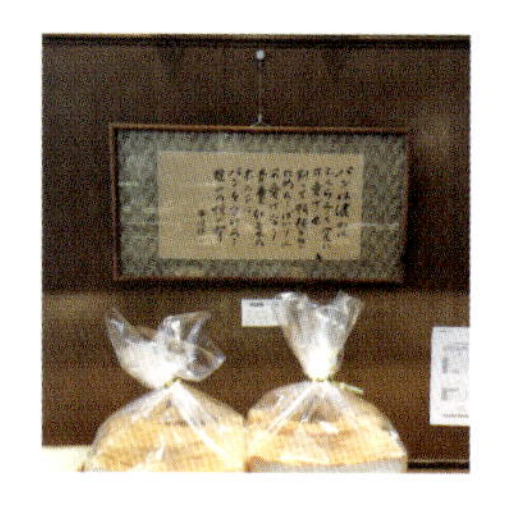

ギャラリーを併設する江戸屋本店を訪れ文化的な雰囲気を気に入った串田孫一。江戸屋のためにパンを「可愛げ」と表す文を残した。

創業は明治2年、富士宮いちの老舗パン屋「江戸屋本店」。名物はクリームパン。紙袋の絵は串田孫一。幼少期に通った大好きな店。

生まれ育った町を離れて20年が経つ。その間、町の景色は随分変わり、年に一度の帰省時は、すっかり旅するような心持ちだ。そんな中、子どもの頃に通った店が、記憶の情景と違わずくっきり目の前に現れると切にほっとする。日曜日の昼、教会学校帰りに母と通った目抜き通りの「江戸屋」にも、変わらぬ味が並んでいた。

富士宮市のみならず静岡メイドのパンならば、どれもがみな故郷の味。帰省の他に仕事や旅で訪れるとき、空腹でなくともつい手がのびる。京都暮らしをしていたとき、同郷の後輩が帰省するたび「のっぽパン」を買って帰ってきてくれて、ひとちぎりずつ大事に食べた。私も今、同郷の友へのみやげは、地元パンと決めている。

富士宮の実家近く、富士山へ続く道沿いに所在する「グチパン」。ドアノブまでもが食パン型の愛らしいパン屋。富士宮っ子に大人気。

グチパンで一番人気の「ふじさんクリームパン」。地元の卵と「あさぎり牛乳」を使用。プリンのように濃厚なカスタード入り。

部活帰りや、塾通いの受験時期、スーパーで求めるおやつの定番だった「のっぽパン」。静岡県東部生まれのソウルフード。

太宰治も好んで訪れた昭和7年創業の「ララ洋菓子店」の天然酵母パン。80年代少女漫画調のイラストに丸文字の袋入り。

静岡駅近くの「クリタパン」の袋。静岡おでんの名店「おにぎりのまるしま」とセットで訪れる。名物は「めんたいフランス」。

カンパンや源氏パイでも知られる浜松・三立製菓が、昭和49年に発売した「かにぱん」。全国で販売される静岡自慢の地元パン。

もとは肉屋だった沼津の「桃屋」。今もコロッケやからあげが並ぶ。メンチなどをパンにはさんで売りはじめたのは、昭和39年から。

桃屋のサンドには2種類のソースが。ひとつは辛味のソース。もうひとつは和風の甘いたれ。常連それぞれ好みの味が決まっている。

コロッケ、ハムカツ、ハムが入った桃屋の「お好みサンド」。沼津育ちの友に「私の地元パンといえばここ」と教えてもらった。

# ご当地比べ採集

土地土地に、そこでしかつくられていなかったり、独特のパンが存在する。同地域・同種のパンをいくつか採集。

## 頭脳パン

◎学生必食

**頭脳パン**

**佐野屋製パン／石川**

頭脳パン発祥地と言われる石川県。金沢市の金沢製粉が製造する頭脳粉を使ってつくられる。こちらはレーズン入り。袋に描かれているのは、現在活動を休止している「頭脳パン連盟」のキャラクター。

## 頭脳パン

**矢嶋製パン／長野**

「いい顔揃いのパン屋さん」でも紹介している矢嶋製パン。先々代が戦後に復員し、せんべい屋をはじめたあと、製パン業に転業。コッペパンに、鮮やかな赤色のりんごジャムを塗っている。

## 頭脳パン(ミルク)

**伊藤製パン／埼玉**

慶応大学教授・林髞の学説で開発された頭脳粉入りのコッペパンに、ミルククリームをサンド。平成4年の発売以来、受験生の願掛けや勉強のお供に学校売店や大学生協で人気。季節ごと新商品も登場。

# ホワイトサンド

下

**ホワイトパン**

**多間本家／石川**

午前中はパンをつくり、午後は和菓子を製造する、いも菓子が名物の90年の老舗。給食パンも手がける。他店のホワイトサンドは角食が多いのに対し、こちらはふかふかの山食にバタークリームをはさむ。

上

**ホワイトサンド**

**ブランジェタカマツ／石川**

石川県の多くのパン屋でつくられるホワイトサンド。食パンに店それぞれのホワイトクリームが塗られる。こちらは1袋に2枚合わせの食パンが2セット（計4枚）入ってボリュームたっぷり。

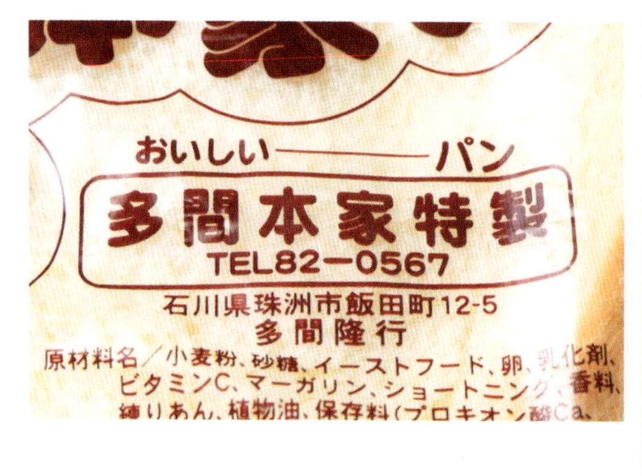

### ホワイトサンド

**パンあづま屋／石川**

地元の学校給食も手がけるあづま屋。こちらは2枚の食パンに牛乳風味のバタークリームをサンドしたものが1袋に2セット入る。70年変わらぬ懐かしい袋絵。Tシャツもつくられるほど地元で愛される。

# クリームボックス

◎発祥は福島県郡山

**クリームボックス**
**なかやパン店／福島**

昭和50年代から郡山市内のパン屋がつくりはじめるようになったクリームボックス。小型の食パンに、ミルク味のクリームをぷっくり盛り上がるほど塗っている。学校の購買やスーパーでも販売。

上、左

**クリームボックス**
**大友パン店／福島**

郡山市最古の大正13年創業。もっちりとした小型ミルク食パンに、生クリーム・牛乳・砂糖でシンプルに仕上げたクリームと、地元・酪王乳業の酪王カフェオレを使ったクリームをたっぷりとのせている。

上、右

**ぼうしパン**

**ヤマテパン／高知**

高知県内のほとんどの製パン会社がつくるぼうしパン。まるいパンにカステラ生地をかぶせて焼き上げる。やなせたかしデザインのキャラクター・ぼうしパンくんのシール付きパッケージもある。

◎高知の県民食

# 帽子パン

**ぼうしパン**

**永野旭堂本店／高知**

昭和2年創業の帽子パン発祥店。メロンパンを焼く際、クッキー生地がかかっていたパンがあり、とりあえずカステラ生地をかけて焼いたところ偶然に生まれた。客がその形から「ぼうしパン」と呼び出した。

# ◎袋の絵が懐かしい

# 牛乳パン

### 牛乳パン

**ブーランジェリーナカムラ／長野**

長野県内や新潟県の一部のパン屋で定番的につくられる牛乳パン。以前、大学が調査にきたが発祥は不明だそう。先々代の時代（80～90年前）から続く味。厚焼きパンに砂糖入りのクリームをサンド。

### 牛乳パン

**いのや商店／新潟**

昭和になり牛乳の消費量増加にともない製造店が増えたともいわれる牛乳パン。多くの店が白地にレトロな絵の袋を使用しているのも特徴。いのや商店ではこの絵のTシャツやタオルも販売している。

### 牛乳パン

**モンパルノ／長野**

ふかふか厚く女性の手のひらよりも大きく、四角くカットされた牛乳パン。中央にはさまっているのはミルククリーム。こちらでは甘みを抑え軽い仕上げに。昭和25年創業の老舗のロングセラー。

## 木村家ROSE

**木村家製パン／島根**

島根県パン工業会が実施した講習会でバラパンが紹介されたことで、一時期島根県内に広く普及したが、今では数軒がつくるのみ。昭和23年創業のこちらにはプレーンの他、いちごミルク味もある。

## バラパン

**なんぼうパン／島根**

昭和29年頃、バラを見た職人がこんな愛らしいパンをつくりたいと考案。薄く細長く焼いたふかふかの生地に昔と変わらぬクリームを塗り、くるくる巻いて花の形に。白バラやコーヒー味もある。

◎ロマンチックな

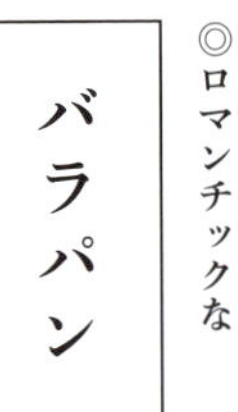

### フラワーブレッド バラ
**マルキン製パン工場／香川**

「日本バラパン友の会」が発足するほど、ファンの多いロマンチックなパン。こちらは涼しい時期になるとパンの上にホワイトチョコレートをコーティング。中身は軽い自家製バタークリーム。

# パンの旅 5

**〈パンの友だち 牛乳・コーヒー〉**

地元パンと同じほど、旅先での楽しみは、地元の牛乳やコーヒーを味わうこと。これまで採集した瓶やパックのパンのおとも、大集合。

Column

旅先でのパン採集と同じほど楽しみなのが、地元のスーパーで過ごすとき。時間が限られていたり、重い荷物を抱えていたり、不自由が多い旅の道中。効率よくその土地ならではの食材を探すため、自分なりの売り場を巡る順番がある。スーパーの扉の向こう側へ一歩踏み入れ、前のめりな気持ちを落ち着かせながら、

1／広島で明治から牛乳事業をはじめた「チチヤス」の「給食牛乳」　2／三重へお伊勢参りに出かけたときコンビニで求めた「大内山コーヒー」　3／「佐渡乳業」の牛乳パックはトキのデザイン　4／長野・小布施で昭和25年から続く「オブセ牛乳」　5／福島・郡山で、「クリームボックス」のおともに飲んだ「酪王カフェオレ」　6／山形旅では温泉入浴後に「やまベジャージー牛乳」を　7／福島・会津を訪ね「会津のベコの乳」とコーヒーを。瓶の女の子は地元で「あの子」と呼ばれる　8／伊勢神宮外宮前の「山村乳業 みるくがっこう」。牛乳、コーヒー、プリン、ソフトクリーム、あれこれ味わえる　9／滋賀・米原にそびえる伊吹山の麓で育った乳牛からしぼった「伊吹牛乳」とコーヒー

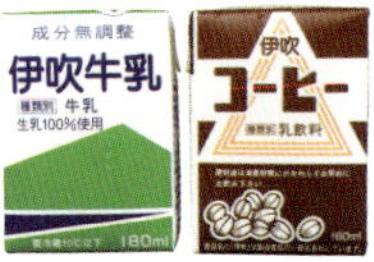

いの一番に向かうのが、牛乳・乳製品売り場。新鮮さが求められる牛乳だから、全国的に知られる大手メーカーの製品の隣で、地元で採れた牛乳や、コーヒー牛乳が見つかる。その日に泊まるホテルがすぐ近くにあれば、小さなパックを求めてホテルの部屋の冷蔵庫に保管し、翌朝地元パンとともに味わう。たまたまその場に食いしん坊が勢揃いしていたとき、紙コップで少しずつ分け合い味見をしたことも。直売店や道の駅、温泉施設に、ぽってり口あたりのいい瓶入りがあれば、ごくごく喉を鳴らしながら疲れを癒す。お菓子好きが高じて地元パン採集をはじめ、地元パンを愛するゆえに、パンのよき友である、牛乳やコーヒーまでにも食指が動くように。〝好き〟がするする広がって、慕わしい味が増えていく。

10／兵庫の温泉入浴後に京都「丹後ジャージー牛乳」 11／兵庫の豊岡・城崎へ滞在時、いつも朝飲む平林乳業の「ヒラヤコーヒー」 12／「すずらんコーヒー」は中央アルプス千畳敷の遊歩道周遊後に 13／神奈川旅の帰路で見つけた足柄乳業「きんたろう牛乳」 14／北海道を旅する途中「オホーツクあばしり牛乳」を紙コップでごくごく 15／山形・酒田のパン屋で出合った「田村牛乳」 16／北海道・阿寒の丹羽牧場「あっかんべぇ一牛乳」 17／静岡の実家に常備する「朝霧乳業」の牛乳とアイスクリーム 18／和歌山旅でのおなじみの味「尾鷲牧場」のカフェ・オレ 19／鹿児島県酪「農協コーヒー」。南日本酪農協同の乳酸菌飲料「ヨーグルッペ」と「スコールウォーター」も

# いい顔揃いのパン屋さん

袋、名前、色、形、佇まい……。予期せず出合い、一目惚れしたいい顔のパンが揃う、パン屋の数々。

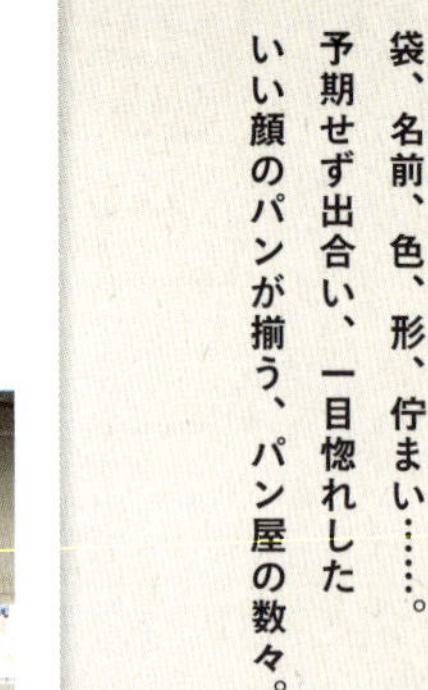

石造りに引き戸の店構えもいい顔

| | |
|---|---|
| *shop.* | **丸与製パン所** |
| *place.* | **三重県伊勢市** |

お伊勢参りの旅の途中。伊勢には、「ぱんじゅう」に「かたぱん」と、その名にパンの文字が付くお菓子が根付いていると聞き、食べてみたいと店を探した。地元の人に尋ねると、伊勢神宮外宮近くに、唐草模様の焼印を押したかたぱんをつくる店があるという。昔は運動会や祭りで、〝祝〟の字の焼印のその店のかたぱんが配られていたそうだ。

伊勢の店や家は一年中しめ縄を飾る風習がある。明治後期創業「丸与製パン所」の門口も、一見するとパン屋らしからぬ厳かな気配。簡素な店に小さなショーケースひとつ。いい顔のパンがずらりと並ぶ。ふわあっと気が昂り、「今あるの全種ください」とまとめ買い。かたぱんは、店を出るなりかぶりついてしまったから、うっかり写真は残っていない。

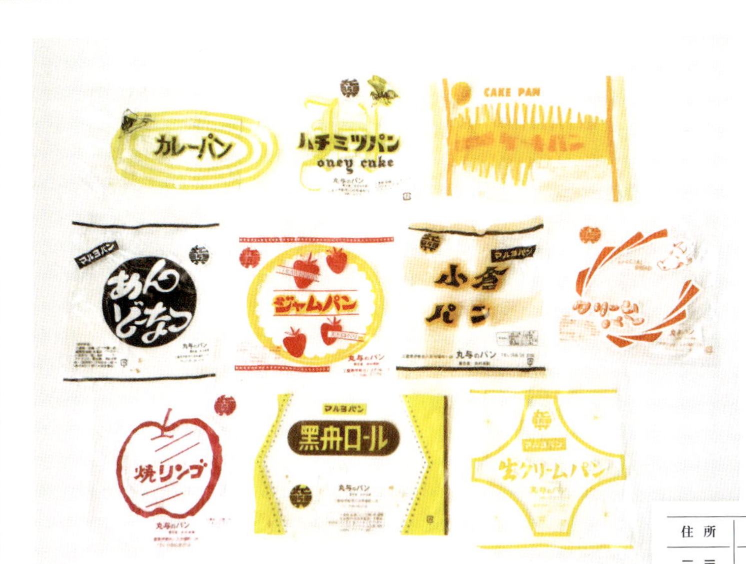


| 店名 | 住所 |
| --- | --- |
| 丸与製パン所 | 〒五一六-〇〇七六 三重県伊勢市八日市場町一-二六 |

電／0596-28-2708

営／10:00-18:00

休／日

上の写真は、パンを食べ終えたあとの袋たち。あまりに個性派揃いゆえ、記念に集合写真を。その他は、パンを味わう前に撮ったもの。全て、昭和30～40年頃からつくられているそうで、パッケージもほぼ変わらず。昔はひらめきでおおらかに名付けられることがあり、「焼リンゴ」もその名残り。リンゴが材料に使われているわけではない。

| shop. | メロンパン本店 |
| --- | --- |
| place. | 広島県呉市 |

メロンパン本店の名物は、言わずもがなのメロンパン。さらにはビルもメロン色。売り子さんのエプロンと三角巾もメロン色。呉をはじめ広島の一部では、他地域でメロンパンと呼ぶ円形の甘い菓子パンをコッペパンと呼び、アーモンド型で中にカスタードクリームがどっしり詰まったものをメロンパンと呼ぶが、その代表格がこちらの店。あんパンの具もみっしり入って、手に持つとずっしり重く十分な食べ応え。これらは昭和11年の創業時からつくられているが、甘いものが貴重だった時代さぞや重宝されたろう。ここにあげる以外にも、いい顔のパンがたくさん。創業者の出身地にちなむ「むろらん食パン」なるパンもある。

「日本食パン」は卵未使用でさっぱりとした後味。一部のパンは広島市内の百貨店でも購入できるが、呉でしか味わえない惣菜パンも充実の顔ぶれ。

| 店名 | 住所 |
| --- | --- |
| メロンパン本店 | 〒七三七-〇〇四五<br>広島県呉市本通七-一四-一 |

電／0823-21-1373
営／6:30～17:00
（売り切れ次第終了）
休／日

No. 2

ぼうしパンとほぼ同時期に誕生したふたつのパン。同シリーズには他に「チョコメロン」などがある。

| 店名 | 住所 |
| --- | --- |
| 永野旭堂本店 | 〒七八〇-〇〇八二 高知県高知市南川添二三-一 |

電／088-884-9300（本社）

| shop. | 永野旭堂本店 |
| --- | --- |
| place. | 高知県高知市 |

「ぼうしパン」（P85）。名・姿・味ともに牧歌的で、声に出しても見ても食べても笑みがこぼれる高知の県民食。生み出したのは、昭和2年創業の永野旭堂本店。蒸しパンづくりからはじめた店らしく、カステラ生地をかぶせたぼうしパンのように、甘さが持ち味の菓子パンは秀逸だ。「ニコニコパン」もそのひとつ。ふわふわに泡立てたマーガリンクリームにジャリジャリの食感を加えるため砂糖を混ぜる。濃い色のコッペパンは、白いクリームとの相性を考えて選ばれたそうだ。クリームにチョコチップを合わせた「マーブルチョコバター」同様、誕生は昭和30年。戦後、パンの需要が急増し、発売当初から普段の食事やおやつとして飛ぶように売れた。朗らかな袋の図案を目印に、60年のロングセラー。

No. 4

| shop. | つるやパン |
| --- | --- |
| place. | 滋賀県長浜市 |

約60年前、『暮しの手帖』でマヨネーズのレシピを知った創業者の妻。キャベツとマヨネーズを合わせた初代サラダパンを考案するも、日持ちせず販売中止に。マヨネーズとサラダをイメージした黄色と緑のパン袋の在庫を活用するため食卓にあったたくあんをパンにはさんだのが今のサラダパン誕生秘話。続けてマヨネーズと魚肉ハムでサンドウィッチも完成させた。スマイルサンドは創業当時の一番人気を復刻したもの。

SALADROLL サラダパン

| 店名 | 住所 |
| --- | --- |
| つるやパン 本店 | 〒五二九-〇四二五 滋賀県長浜市木之本町木之本一一〇五 |

電／0749-82-3162
営／月～土8:00～19:00、日・祝9:00～17:00

SANDWICH サンドウィッチ

火通りがよく 耳まで柔らかい まる型食パン

バタークリーム入り「スマイルサンド」

No. 5

| shop. | 岡山木村屋 |
| --- | --- |
| place. | 岡山県岡山市 |

100年の歴史ある岡山駅前の奉還町商店街。土地のものはないかとパン屋に入ると、あったあった。いい顔がわんさと。マーガリン、コーヒー、バナナクリーム、チョコレート、ロールパンに自家製クリームを塗ったシリーズ。銀座木村家で修業を積んだ初代が大正8年に創業したパン屋だから、桜あんぱん、クリームパン、卵とマーガリンがたっぷりの「スネーキ」など、酒種風味のパンも充実。いちはやくフランチャイズシステムを取り入れ、岡山県内に複数の直売・専売店を展開する、岡山っ子のソウルフード。

DEUTSCHES BROT オレンジドイツコッペ オレンジクリーム入り

バナナクリームロール

KIMURAYA BAKERY マーガリンロールパン

ドイツコッペは 下のロールパンより ひとまわり大きい

| 店名 | 住所 |
| --- | --- |
| 岡山木村屋 | 〒七〇〇-〇九八五 岡山県岡山市北区厚生町三-一-二〇 |

電／086-225-3131（本社）

| shop. | 杉本パン |
|---|---|
| place. | 島根県安来市 |

元は東京へ向けて炭を販売していたが、関東大震災を機にパン屋に転業。大正時代創業の老舗らしく、奥ゆかしい顔つきのパンたちが勢揃い。地元の学校で販売していたと聞くが、旧友に再会したような懐かしさと慕わしさが込み上げる。コッペパンにさくらんぼの砂糖漬け入りバタークリームをはさんだ「ワレパン」。もっちりのパンにマヨネーズをのせて焼いた「ベビーローフ」。コッペパンとヨーグルトクリームを組み合わせた「ヨーグルパン」。噛み締めるほど甘く切ない思春期の旺盛な食欲がよみがえる。

| 店名 | 住所 |
|---|---|
| 杉本パン | 〒六九二-〇〇二三 島根県安来市黒井田町四二九-二〇 |

電／0854-22-2415

営／7:00～18:30　休／日

| shop. | ぐしけん |
|---|---|
| place. | 沖縄県うるま市 |

沖縄旅のさなか、スーパーでコンビニで、ほのぼの物柔らかな存在感を放つパンがあった。ココア生地にバタークリームをはさんだ「なかよしパン」。その名の通り、家族、友だち、部活仲間で、仲よく分け合い味わえる、どっしりとしたまくら大。昭和26年に初代が米軍用野戦窯を用いて製菓所をはじめ、そののちパン部門を拡大。育ち盛りの沖縄っ子のお腹をしっかり満たしてくれる。

| 店名 | 住所 |
|---|---|
| ぐしけん | 〒九〇四-二二三四 沖縄県うるま市字州崎一二-九〇 |

電／098-921-2229（本社）

| shop. | ボン千賀 |
|---|---|
| place. | 愛知県豊橋市 |

豊橋生まれの友人に連れられ、はじめて店を訪ねたとき。菓子パン袋のデザインや名前、店の看板・飾り・家具・照明、昭和情趣に驚嘆するやらしみじみするやら。まるで長らく通った店を再訪したような懐かしさが込み上げる。大正時代に菓子卸業として創業し、昭和初期からパンと菓子の製造販売をはじめた老舗のパンは、何十年も変わらぬ味と様相をつらぬく。そこにあったほぼ全種類のパンを求め、併設の喫茶室に移動して、同行者数人と賑やかに食べ比べ。今はもうそれぞれの地元にも暮らす土地にも残されていない〝記憶の味〟が目の前に現われ、みなの目がきらりと輝く。子どもの頃のパンの味の思い出は、家族や友や景色や会話や、忘れかけていた昔の情調までも呼び起こす。

バタークリームのパン

意外にもしろあんパン

No. 8

| 店名 | ボン千賀 |
|---|---|
| 住所 | 〒四四〇-〇八八八 愛知県豊橋市駅前大通り一-一八 |

電／0532-53-5161
営／10:00～21:00
休／日曜

店には喫茶コーナーも

「ボン」はフランス語で「よい」のこと。「味がおいしい」という意味もあり、昭和の時代はモダンな店の名の象徴だった。店の新装や袋のデザイン替えが進む中、ひと時代前のパン屋の形が残されるこの店を懐かしがり、遠方からわざわざやってくる客も多い。

| 店名 | 住所 |
| --- | --- |
| ニシカワ食品 | 〒五一六-〇〇七六 兵庫県加古川市野口町長砂七九九 |

電／079-426-1000（本社）

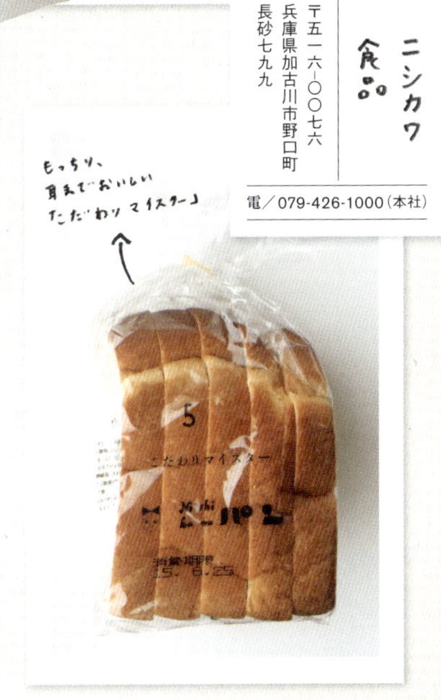


shop. ニシカワ食品

place. 兵庫県加古川市

東京で手土産の定番は、渋谷「ヴィロン」のバゲットと、バゲットに合うチーズやペースト。小麦の芳香、噛み応えのある皮、もっちりしっとり弾力のある生地。こんなに風味も食感も奥行きのあるバゲットを身近に食べられるとはと、東京暮らしを幸せに思った。しばらくして、もっとも好きなパンと口にしていたヴィロンの母体が、戦後の食糧難の昭和22年に加古川で創業した「ニシカワパン」であると知り、兵庫を訪れたときは販売店を探し買って帰るように。直営店だけでなく、スーパーでも求められる食パンや菓子パンに、こんなにも質よくおいしいものがあるとは。加古川をはじめ、兵庫が地元の人たちがうらやましい。

No. 9

大きなリボンに、長いまつげのぱっちりとした目。パンの袋に描かれる女の子のキャラクターの名前は「パニーちゃん」。昭和35年に誕生し、現在で3代目。

| 店名 | 住所 |
| --- | --- |
| 矢嶋製パン | 〒三八一-二四〇五 長野県長野市 信州新町新町二六 |

電／026-262-2076（本社）

No. 10

| shop. | 矢嶋製パン |
| --- | --- |
| place. | 長野県長野市 |

ものや町にも、鋭かったりまるっこかったり微妙に異なる表情がある。パンの場合、味より他につくる人や町の佇まい、生まれた時代の熱量までもが顔ににじむ。私が好きな地元パンは、のどかでおおらかな面立ちのもの。牛乳パンに代表されるように長野のパンには牧歌的な穏やかさがあるが、矢嶋製パンのパンはおっとりとして食べてほっとひと息つける。「ほんとうのアンパン」。名は体を表すと言うが、ゆったりと愛想よく和やかな袋の文字は、まろやかでほんのり甘いあんパンの後味を物語る。

No. 11

| 店名 | 住所 |
| --- | --- |
| ベーカリートングウ | 〒七一九-一一三六 岡山県総社市駅前 一-二-三 |

電／0866-92-0236
営／7:00～19:00
休／日

| shop. | トングウ |
| --- | --- |
| place. | 岡山県総社市 |

上（揚げ）あんパンは「油パン」。メロンパンは「松笠」。バターロールは「枕パン」。昭和元年の創業当時から、3代に渡る常連客も多いパン屋では、袋に書かれた文字とは違う、地元ならではの呼び名がある。さらには「クリームパン」「三角ジャムパン」「コーヒーロール」など、懐かしの袋パンシリーズどれもが、パン界の昭和スターを彷彿とさせる貫禄ある面持ち。

| shop. | マルキン製パン工場 |
|---|---|
| place. | 香川県高松市 |

まあるい目と顔、コック帽。パンの精のようなキャラクターが、袋の片隅に。今では貴重な手描きの図案も名脇役。無垢で愛くるしい幼子と向かいあったときのように「ああ、なんて愛らしいの」、甘いパンたちを前にため息がこぼれる。創業したのは昭和8年。高松っ子には給食パンとしてもおなじみ。ホワイトチョコレートをパンにかけた「フラワーブレッド」は、菓子パン界のプリンセス。

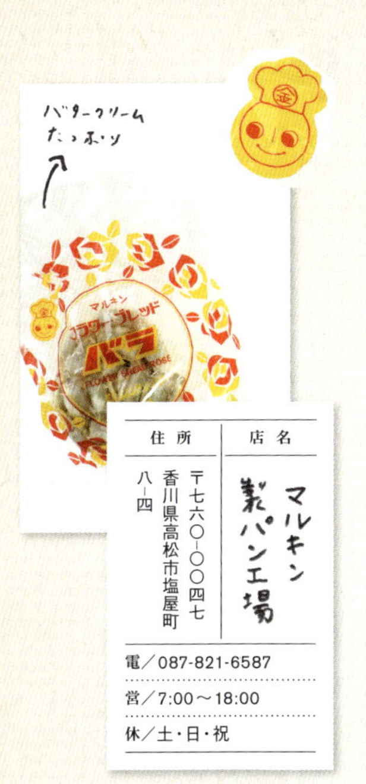


| 店名 | 住所 |
|---|---|
| マルキン製パン工場 | 〒七六〇-〇〇四七 香川県高松市塩屋町八-四 |

電／087-821-6587
営／7:00～18:00
休／土・日・祝

No. 12



| shop. | リョーユーパン |
|---|---|
| place. | 福岡県大野城市 |

西日本（主には九州）出身者に昭和49年生まれのチョコレートがけドーナツ「マンハッタン」の話をすると、部活帰りのお腹の隙間を助けられたというふうに、せきを切ったように青春時代の淡い思い出を語りはじめる。昭和25年、佐賀県唐津市で創業したリョーユーパン。「ヤキリンゴ」は昭和37年、「銀チョコ」は昭和41年から、食べ盛りの若人たちの味方だった。故郷を離れたおとながリョーユーパンのパンと出合うと、旧友との再会を果たしたような切なく懐しい顔になる。



| 店名 | 住所 |
|---|---|
| リョーユーパン | 〒八一六-八五五五 福岡県大野城市旭ヶ丘一-七-一 |

電／0120-396794（お客様サービス係／8:00～17:00）

No. 13

No. 14

| shop. | タカセ |
|---|---|
| place. | 東京都豊島区 |

池袋本店1階の、パン・洋菓子コーナー。揃いも揃ってチャーミングな顔つきだけれど、食べ応えはパンチがきいて1袋でお腹いっぱい。カジノはフルーツ入りクリームとカスタードクリームをはさんだパンを砂糖蜜とチョコでコーティング。カステはカステラ入り菓子パン。ファンタジークリームはフルーツクリーム入り。宇宙船の形にちなみ名付けられたアポロはスポンジケーキ入り。

| 店名 | 住所 |
|---|---|
| タカセ 池袋本店 | 〒一七〇-〇〇一三 東京都豊島区 東池袋一-一-四 |

電／03-3971-0211
営／8:00～22:00　無休

| shop. | 真生堂 |
|---|---|
| place. | 熊本県山鹿市 |

創業は昭和30年頃。学校給食づくりからはじまった。山鹿温泉のはずれにあり、湯治客にも愛される。店内「なつかしパン」コーナーに並ぶ、ふたつのパン。ツイストしたコッペパンにマーガリンをはさんだ「バターソフト」はしっとりやわらか。ふっくらとしたロールパンに、小倉あんとミルククリームをはさんだ「金時パン」とともに、先々代から続く味。チーズクリーム入り食パンをカリッと焼いた「さんかくパン」や、すぐに売り切れるため「まぼろしパン」と呼ばれるチョコがけメロンパンも看板パン。

No. 15

| 店名 | 住所 |
|---|---|
| 真生堂 | 〒八六一-〇五〇一 熊本県山鹿市 山鹿二八二 |

電／0968-43-2888
営／7:00～18:00
休／日

★パンのスナップ写真コラージュその2。右上あたりにあるのは島根に根付く法事パンで、これはなんぼうパンのもの。

## パンの旅 ❻

### 〈日本のパンのはじまりは銀座から〉

**日本のパンの原点は、銀座にあり。「木村屋總本店」の歴史を辿れば、普段当たり前に食べているパンが、ぐっと身近に感じられる。**

Column

銀座にくれば、必ずパンを買って帰る。上京のたび、幼い私の手をとって、華やかな銀座の通りをうれしそうに歩く母がそうしていたように。

もとは明治生まれで、新しいもの好きの祖父の習慣だったらしい。御殿場から東京へと勤めに出ていた祖父は、早い時間に仕事が終われば、田舎で待つ家族のために買いものをして帰った。そうして銀座帰りの夜は、片手に流行の文具や日用品、片手にパンの袋を抱え、子どもたちと祖母それぞれに、みやげとして手渡していたという。もちろん田舎にもパン屋はあったけれど、翌朝の食卓に並ぶ銀座メイドのパンの香りを、母は日本で一番優雅な街の匂いと感じ、とびきり贅沢な朝食を噛み締めていたそうだ。

そんな母の記憶を受け継いで、私も銀座で過ごした翌朝は、昨日眺めたショーウインドーや、歩いた道の景色を思い返しながら、こんがりふんわり温めなおしたパンをほおばる。

今は、スーパーやコンビニで、手軽にパンが買える時代。忙しかったり、急を要するときは便利だが、売り場と工場が隣り合わせにあるパン屋で、香ばしい焼きたての匂いを吸い込みながら選ぶパンは、格別おいしい。

年に幾度か、静岡から歌舞伎座に通う父と、昼の部の終演後に、父娘でお酒を飲むことがある。待ち合わせは、決まって銀座三越のライオン像前。ことと定めた酒場へ向かう前、まず横断歩道を渡り、銀座木村家へと立ち寄る。求めるものはいつも同じ。「元祖酒種あんぱん五色詰め合わせ」と、それから食パン。わが家の朝食は昔から、父と姉がお米派で、母と私がパン派と分かれていた。

祖父譲りで、今も毎朝パンを食べる母の、翌日の朝食となるように。お酒を飲んだあと父を見送る夜の東京駅で、芳醇な香りがふわりとこぼれるパンの包みを「お母さんにね」と預ける。

銀座木村家の母体となる木村屋總本店（正式には、両者は現在、関連会社の関係。銀座4丁目の独立店舗を、ここでは銀座木村家と記す）は、日本人が初めて開いたパン屋。明治2（1869）年の創業時は、文英堂という屋号で、現在の新橋駅SL広場付近、芝・日陰町に店舗を構えた。

日本のパンの歴史は、鉄砲やキリスト教と同じく、戦国時代にはじまる。宣教師、フランシスコ・ザビエルらが普及のきっかけをつくるも日本人の口に合わず、幕府がキリスト教を禁止してからは、長崎県の出島で、西欧人のため細々とつくられたのみ。

「日本人による日本人のためのパン」を最初につくったのが、兵糧のためパン窯を築き大量生産したことで、「パンの祖」と呼ばれた江戸時代後期の伊豆の代官・江川太郎左衛門。保存と携帯に適したそれは、煎餅よりも堅く、パサパサとした食感だった。その後、鎖国令が解かれると、外国人居留地に指定された横浜に外国人経営のパン屋が誕生する。

横浜を訪れる機会のあった木村屋總本店創業者・木村安兵衛と、その息子・英三郎は、これから日本人はなにを暮らしの糧にしたらよいか考えてパンにたどりつき、日本人初のパン屋を開業するに至る。ところが店をはじめた当初、米やうどんと、噛みやすい主食を嗜好する日本人に、ヨーロッパふうの堅いパンは受け入れられず、試練の日々。柔らかいパン生地を開発すべく、試行錯誤が繰り返された。

転機が訪れたのは、文英堂から屋号を木村屋に改め、銀座煉瓦街に進出した明治7（1874）年（当時は、現在の銀座木村家の向かい側に位置していた）。その頃の東京は、貿易港の横浜と違い、食パンを膨らませるホップの入手は困難だった（ちなみに今ではパンづくりにあたりまえのイースト菌の存在も、日本ではまだ知られていなかった）。そこで誕生したのが、米と麹を熟成させた酒種酵母菌で発酵した生地で、餡を包んで焼き上げるあんぱん。酒まんじゅうから着想を得た、和洋折衷の菓子パンである。
　イースト菌ならば4時間ほどでできあがるパンも、酒種酵母菌を使えば丸一日かかる。酒種パン独特の香りや食べ口は、手間と時間の成果。銀座木村家には、他店にはない「酒種室」なる部署があり、脈々と、元祖自然酵母パンの製法が守られている。
　酒種あんぱんの定番といえば、「桜、小倉、けし、うぐいす、白」の五品。そこに季節ごとの限定が加わる。最初につくられたのは、表面にけしの実をちらしたこし餡の「けし」と、てっぺんにふたつ窓があいたつぶ餡の「小倉」。続いて明治8（1875）年、山岡鉄舟の導きで明治天皇に献上された「桜」が生まれた。八重桜の塩漬けが埋め込まれたあんぱんは、明治天皇のお気に召し、大衆の間でも一躍話題に。「文明開化の味がする」「木村屋のパンを食べれば脚気（かっけ）が治る」と、当時かけそば一杯の値段と変わらぬあんぱんを求めて、銀座に人が押し寄せた。
　銀座木村家にはもうひとつ、日本初のパンがある。明治33（1900）年生まれのジャムパンだ。開発したのは、三代目・木村儀四郎。生地にジャムをはさんで焼くビスケットが発想の種であった。
　焼きたてのパンを好むのは、日本人ならではのことらしい。日本一の立地と言っても過言ではない銀座木村家のビルには、7・8階にパン工場があり、常時焼きたてが店頭に並ぶ。
　あんぱんもジャムパンも、酒種を用いたパンはみな、〝栂（つが）の木〟製の木箱に寝かせて売り場に出される。昔はパンが堅くなることを「パンが風邪をひく」と言ったそうだが、無添加のパンは風邪をひきやすい。丈夫で余分な水分を吸収する〝栂の木〟のベッドは、酒種ならではの風味を逃さず、同時にパンの表面をしっとり柔らかく保つという。
　「餡パンの本家銀座のヘソにあり」とは、明治時代に詠まれた川柳。当時、あんぱんは「ヘソパン」の愛称で親しまれた。文明開化の頃は最先端だった店も、今では銀座で指折りの老舗に。日本で当たり前にパンが食べられるようになったのも、銀座のヘソがあってこそ。

【初出】「銀座百点」（銀座百店会）
2015年2月号「おみやげは銀座パン」より一部転載

## ★近代日本のパンのあゆみ

| | |
|---|---|
| 1571年 | 長崎、ポルトガル人に開港。<br>ここから、パンやビスケットなどの洋菓子が伝わったとされる。<br>1600年代初頭から始まった鎖国政策によって一時パンも姿を消す。 |
| 1842年 | 幕末の世、伊豆韮山の代官・江川太郎左衛門が祖国防衛のためにパン焼窯で兵糧パンを焼く。<br>のちの日清戦争などの際にもパン、ビスケットが軍用食として供給された。 |
| 1859年 | 日米修好通商条約締結により横浜・長崎・函館、次いで神戸、新潟が開港し、パンも含む西欧の食文化が上陸。外国人経営のパン屋開業。居留地で働く日本人がパンを焼く技術を習得。 |
| 1874年 | 木村屋總本店（1869年、文英堂として創業）により、酒種酵母菌で発酵させた「あんぱん」がつくられる。日本独自の「菓子パン」誕生（※） |
| 1877年 | 内国勧業博覧会に生パン・乾パン（ビスケット類）数十点出品。当時の都内のパン屋は約10軒（5年後には約110軒に）。この頃、利幅が薄いパンのみならず、洋菓子も手がける店が多かった。 |
| 1888年 | 仏人経営の教会製パン部（東京・文京区）がフランスパンの市販を開始。後に関口フランスパンに。 |
| 1890年 | 米の価格急騰による「米騒動」により、補完食としてパンが広まる。 |
| 1894年 | 東京・芝に店を持つ猪狩時清が「甘食」を考案・発売してヒット。 |
| 1900年 | 木村屋總本店「ジャムパン」発売。 |
| 1904年 | 新宿中村屋「クリームパン」発売。<br>日露戦争を機に「黒パン」と呼ばれるロシアパンが流行。 |
| 1915年 | 丸十ぱん店の開祖・田辺玄平が乾燥酵母（マジック・イースト）を完成。 |
| 1917年 | アメリカのイースト製パン法が広まる。 |
| 1918年 | 再び「米騒動」によってパンの需要が増える。<br>この頃から大手パン企業の設立が相次ぐ。 |
| 1923年 | 関東大震災。パンが非常食として重宝される。 |
| 1945年 | 第二次世界大戦後の食糧難にパンが配給される。 |
| 1950年代以降 | 全国八大都市でミルクとパンの給食が開始。翌年には全国市制施行都市に拡大。<br>以降、日本人の食の欧米化に伴いパン食は広がり続け、2011年には家庭におけるパンの消費額が初めて米を上回る。 |

（※）現在、加工食品品質表示基準（農林水産省告示）では、「菓子パン」は「あん、クリーム、ジャム類、食用油脂等をパン生地で包み込み（折り込み）、または上部に乗せて焼いたもの」と定義されています（例：あんパン、ジャムパン、メロンパン、クロワッサン、デニッシュなど）。その他、パン生地を食パン型に入れて焼いたものが「食パン」、フランスパン、コッペパン、カレーパン、サンドイッチなどの総菜パン・調理パンが「その他パン」に分類されます。

『パンの明治百年史』パンの明治百年史刊行会・編（1970年・刊）を参考図書としてグラフィック社編集部で作成

# おわりに

地元パン採集をはじめた10年前は、取材などという意識はなく、一個人の客として、ひたすら店を訪ねてパンを味わった。お菓子や、郷土玩具や、スーパーに並ぶ食材もそうだが、その土地だからこそのものを知ることがとにかく楽しくて。まだカメラも使いこなせておらず、最初の頃は記録もほぼできていない。食べたパンや訪ねた店を写真におさめるようになったのはここ数年。それでも枚数がたまってきたので、本書の中でできるだけ、その時のメモと共に紹介している。

改めて撮りおろした写真も多く、撮影のため北海道から沖縄まで、全国のパン屋さんに無理を言ってパンを送っていただいた。忙しい中、大事な〝我が子〟を届けてくださったのだから、子どもの写真を撮るように、いい表情を探しながら撮影につとめた。

創業時のこと、どうしてそのパンができたか。おおげさではなく、知れば知るほど涙がこぼれるような思いがつのる。「お腹いっぱい満たされるように」「すくすく成長するように」「おいしく楽しく食べてほしい」。パン屋さんの思いはみな同じ。今はすぐにおいしいものが手に入る豊かな時代になったけれど、この本の中のパンたちは、くねくねと曲がった道を長い年月、私たちに寄り添ってくれた〝普段の食〟。素朴で慕わしく愛嬌もあって、なにより懐かしい香りがする。

本の制作にご協力くださったパン屋のみなさまに心からの感謝を申し上げます。

これからも、地元パン採集の旅は続きます。本を手にとってくださったみなさまの地元パンにも、出合える日がきますように。

# パンや店のロゴ

ロゴマークは、パンそのものや店の顔。
見るからに“いい味”が出ている
図案も採集。文字と文字の間から、
味や店の個性がにじむ。

（ロゴや絵柄の一部分のみ掲載しているものもあります）

↑スピナ

↑西村パン

YAJIMA
PAN

牛乳パン

↑矢嶋製パン

↓りょうこく

EUROPAIN
KIMURAYA
SINCE 1927

←ヨーロッパン キムラヤ

カブト

↑スペイン石窯 パンのカブト

↑高松パン

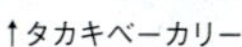

↑タカキベーカリー

↑永野旭堂本店

↓リバティ

←アジア製パン所

館山
中村屋

↑中村屋

↑新田製パン

↑永野旭堂本店

→ベーカリートングウ

↓高橋製菓

第十五回全国菓子大博覧会
総裁賞受賞
ビタミン
ビタミンB1・B2入り
カステーラ
高
高橋製菓株式会社
北海道旭川市4条通13丁目

→ニコラス精養堂

↓山崎製パン

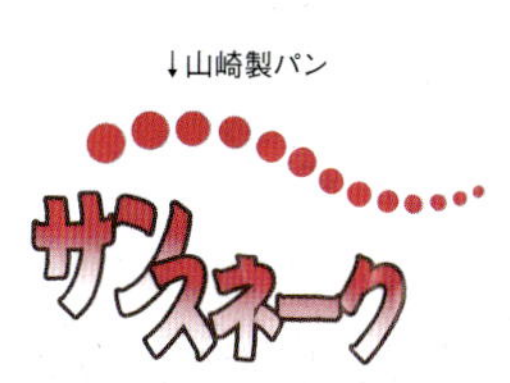

トングウの
バナナロール

↑ベーカリートングウ

←杉本パン

↑ベーカリー
トングウ

←マルキン製パン工場

↑清水屋パン店

↓つるやパン

↑丸十山製製パン

ネギパン

↑高岡製パン工場

Special
ホワイト
サンド

↑パンあづま屋

ビスケットパン

↑たけや製パン

↑真生堂

↑ベーカリートングウ

↑真生堂

←太豊パン店

ほんとうのアンパン

→矢嶋製パン

↑高橋製菓

←清川製菓製パン店

中屋の
SPECIAL
スペシャルブレッド
BREAD

↑中屋

↑つるやパン

↓パンあづま屋

品質本位
!!菓子とパン!!
石井屋
仙台・上杉勝山公園前
電話(223)二九九七

→石井屋

コーヒーパン

↑二葉屋パン店

有限会社

↑ペリカン

MONT PARNO

←八楽製パン

↓福田パン盛岡本店

バナナサンド

←モンパルノ

↑グンイチパン

日本食パン

←メロンパン本店

↑杉本パン

岡パンの

↑岡田製パン

MANHATTAN

↑リョーユーパン

↑イケダパン

→辰野製パン工場

↑佐野屋製パン

ブーランジェリー ナカムラ
boulangerie nakamura

↑ブーランジェリー ナカムラ

↑ヨシノパン よしのベイカリー

↓Fariene 新宿中村屋

OVEN FRESH BAKERY
Fariene

↓富士製菓製パン

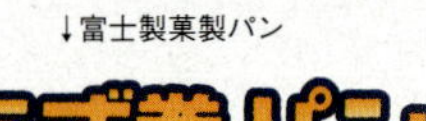

←原町製パン

←山口製菓舗

KABUTO
サンドパン

↑スペイン石窯 パンのカブト

↓新田製パン

Thank you very much
パンと
洋生菓子
Nitta 新田パン

かすてらぱん

←ヤタロー

←武藤製パン

↓サンドウイッチパーラー・まつむら

Original
Sandwich
まつむら

↑ヤマテパン

ヤマトパン→

KYOTO
SIZUYA
Since 1948

↑志津屋

↑ブランジェタカマツ

↓杉本パン

亀井堂の

ピーナツバター & イチゴジャム

ベーカリー
Kameido

↑亀井堂

←丸二製菓 こんがりあん

→メロンパン本店

メロンパン

有明フェリー
おかげさまで
就航50周年

↑パン工房 蓮三

メロンパンの
Special Bread MELON

平和パン

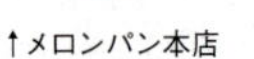

↑メロンパン本店

タカキベーカリー→

# パン袋（紙袋、ビニール袋、包み紙）

中身をぺろりと食べたあとも、
大事にとっておきたくなる、
チャーミングなパンの袋あれこれ。
袋を見るだけで、店の味を思い出す。

↑焼きたてのパン トミーズ

↑欧風パン ナカガワ

Cattlea

↑カトレア洋菓子店

洋菓子 & ドイツ菓子
リーベル イノヤ

↑いのや商店

↑神戸ベーカリー 水木ロード店

↑ぱんのいえ 思案橋店

↑ニブベーカリー

↑神戸ベーカリー 水木ロード店

↑正福屋

↑ヨーロッパン キムラヤ

↑湘南堂

SINCE 1936
カブト

↑スペイン石窯 パンのカブト

↑東京堂パン国分店

↑サンドウイッチパーラー・まつむら

↑島地屋餅店

↑石井屋

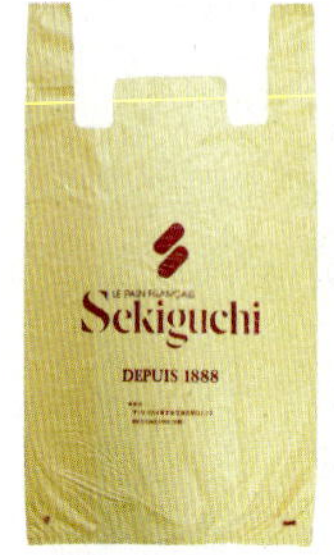


↑関口フランスパン

↑丸十山梨製パン

↑リバティ

↑カトレア洋菓子店

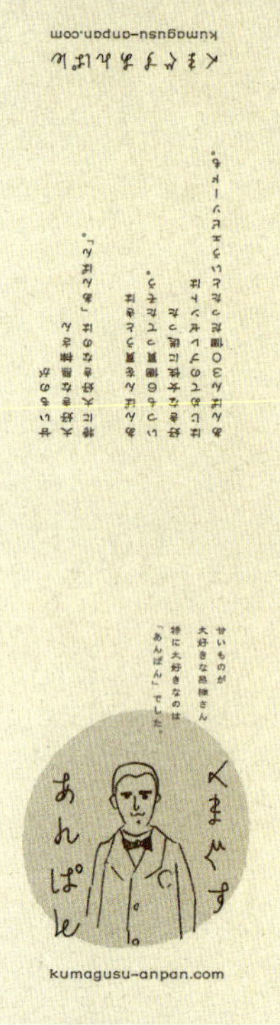


↑ララ・ロカレ

↑ペリカン

↑なかやパン店

↑Fariene 新宿中村屋

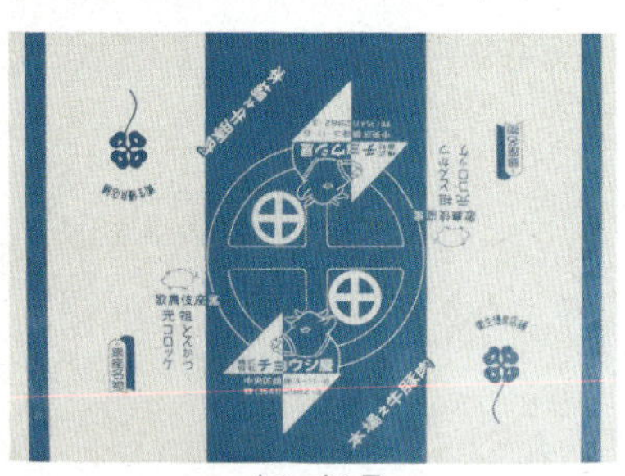


↑チョウシ屋

↑新田製パン

↑三葉屋

パンや店の
キャラクター
パンの袋や看板の片隅。ただならぬ
存在感や、視線の先を見つめると、
ひょっこり目があう慕わしい“あのこ”たち。
みんなにっこり優しい顔つき。
→矢嶋製パン
←りょうこく
丸二製菓
こんがりあん→
→いのや商店
↓山口製菓舗
↑いのや商店
MARUNI SPECIAL BREAD
↑丸二製菓 こんがりあん
↑大友パン店
→いのや商店
←三葉屋
↑パンあづま屋
↑杉本パン
←高岡製パン工場
↓ペリカン
↑日糧製パン
←なんぼうパン
→パンあづま屋
↑東京堂パン国分店
→アメリカパン
←神戸ベーカリー
水木ロード店
←ロバのパン坂本
↑リョーユーパン
→美よしの菓子店
↑ニブベーカリー
←リバティ
↑マルキン製パン工場

ウチキパン
なかやパン店
高岡製パン工場
モンパルノ
ヤマトパン
リバティ
いのや商店
たけや製パン
ブーランジェリー ナカムラ
佐野屋製パン
日糧製パン
亀井堂
太豊パン店
ララ・ロカレ
ぱんのいえ 思案橋店
相馬屋菓子店
shiraishi
白石食品工業
チョウシ屋
福田パン盛岡本店
湘南堂
蜂の家
イケダパン
富山製パン
ブーランジェリー
ナカムラ
清川製菓
製パン店
中村屋
丸十山梨製パン

# 〝地元パン〟地域別索引

**本書の主なコーナーで紹介したパンとそのお店（製造元）を都道府県別に収録。近くを訪れた際は店やスーパーに立ち寄ってみてください。**

★＝地方発送可能。取り寄せ方法は電話で各店（社）にお問い合わせください。HPからの購入が可能な場合はその旨を記しています。

小豆や金時豆が練り込まれた「豆パン」も道民馴染みの味。

盛岡「福田パン」のコッペパンの具は、店舗では50種近くある。

秋田や山形など米の産地では、かつて米穀業者が経営する製パン工場も多かった。

## 〈北海道〉

**日糧製パン**
**（チョコブリッコ P.16、ラブラブサンド P.25）**
北海道札幌市豊平区月寒東1条18-5-1
TEL／011-851-8131（総務部）

**高橋製菓（ビタミンカステーラ P.63）★**
北海道旭川市4条通13丁目左1号
TEL／0166-23-4950（本社）

**山崎製パン**
**（サンスネーク P.67 ※北海道限定発売）**
東京都千代田区岩本町3-10-1
TEL／03-3864-3111（本社代表）

**正福屋（ぱんじゅう P.77）**
営業時間：10時15分～18時30分
（生地がなくなり次第終了）／定休日：不定休
北海道小樽市稲穂2-9-12
TEL／0134-26-6910

## 〈秋田県〉

**たけや製パン**
**（アベックトーストP.25、**
**学生調理 P.47、ビスケット P.70）**
秋田県秋田市川尻町字大川反233-60
TEL／018-864-3117（本社）

**武藤製パン**
**（チョコバターサンド P.38）**
秋田県北秋田市松葉町7-9
TEL／0186-62-0362（本社）

**山口製菓店**
**（アンドーナツ P.60）★** HPから購入可
営業時間：8時～17時／定休日：土曜
秋田県大館市山館字田尻238
TEL／0186-49-6619

## 〈山形県〉

**たいようパン**
**（ベタチョコ P.18）★** HPから購入可
TEL／0238-52-1331（本社）
〈工場直営店〉営業時間：9時～なくなり次第終了
定休日：月曜、火曜、木曜、金曜
山形県東置賜郡高畠町大字深沼2859-6
TEL／0238-52-1331

**りょうこく（開きチョコ P.18）**
山形県山形市宮町2-5-23
TEL／023-641-3461（本社）

## 〈青森県〉

**工藤パン（イギリストースト P.24）**
青森県青森市金沢3-22-1
TEL／017-776-1111（本社）

## 〈岩手県〉

**相馬屋菓子店（ジャムパン P.11）★**
営業時間：5時30分～18時
定休日：水曜
岩手県宮古市西町2-3-27
TEL／0193-62-1729

**白石食品工業**
**（マーガリンサンド P.24）**
岩手県盛岡市黒川23-70-1
TEL／019-696-2111（本社）

**福田パン盛岡本店**
**（あんバターサンド他 P.34）**
営業時間：7時～17時
（売り切れ次第終了）／定休日：なし
岩手県盛岡市長田町12-11
TEL／019-622-5896

**一野辺製パン 一戸直売所**
**（タマゴパン P.29）**
営業時間：8時～18時／定休日：第二水曜
岩手県二戸郡一戸町一戸字越田橋44
TEL／0195-32-2372（直売所）

〈新潟県〉

**スペイン石窯 パンのカブト（サンドパン P.36）**
営業時間：9時～19時／定休日：火曜
新潟県新潟市中央区女池上山5-4-35　TEL／025-283-4741

**中川製パン所（カステラサンド P.62）★**
新潟県佐渡市栗野江1502-8　TEL／0259-66-3165（本社）

**こまち屋**
**（ぽっぽ焼き P.77）★** HPから購入可
新潟県新発田市大栄町2-7-10　TEL／0254-20-8906

**いのや商店（牛乳パン P.86）★**
営業時間：8時30分～19時／定休日：日曜
新潟県糸魚川市本町6-8　TEL／025-552-0260

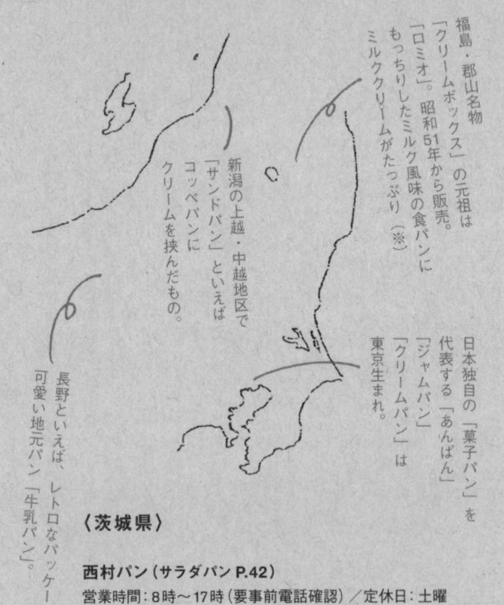


〈茨城県〉

**西村パン（サラダパン P.42）**
営業時間：8時～17時（要事前電話確認）／定休日：土曜
茨城県水戸市常磐町2-3-22　TEL／029-221-5318

**キムラヤ（かすてらパン P.64）**
営業時間：7時～14時／定休日：土曜
茨城県日立市東町2-12-1　TEL／0294-22-2188

**美よしの菓子店（コッペパンのラスク P.70）★**
営業時間：7時～売り切れ次第終了／定休日：月曜
茨城県古河市本町3-2-17　TEL／0280-32-0748

---

〈埼玉県〉

**伊藤製パン（頭脳パン P.81）**
埼玉県さいたま市岩槻区末田2398-1
TEL／048-798-9862（お客様相談室）

〈宮城県〉

**石井屋（メロンパン P.15）**
営業時間：8時～20時／定休日：日曜
宮城県仙台市青葉区上杉1-13-31　TEL／022-223-2997

**広進堂（こうしんどう）（記念パン・恋人パン P.49）**
営業時間：8時～20時／定休日：第5日曜
宮城県仙台市若林区荒町28　TEL／022-222-2271

---

〈福島県〉

**二葉屋パン店（元祖コーヒーパン P.19）**
営業時間：平日8時30分～19時30分、
日曜・祝日8時30分～19時／定休日：月曜
福島県郡山市堂前町25-21　TEL／024-932-1095

**原町製パン（よつわりパン P.44）★**
営業時間：8時～18時30分／定休日：元日
福島県南相馬市原町区本陣前3-1-5　TEL／0244-23-2341

**オカザキドーナツ（水虫パン P.52）**
営業時間：10時～19時／定休日：日曜、祝日
福島県福島市仲間町9-12　TEL／0245-23-2563

**清川製菓製パン店（清川製パン）**
**（油パン P.61）★**
営業時間：8時～19時（油パンは電話予約可）
定休日：年末年始、日曜のみ油パン完売次第終了
福島県伊達郡川俣町字本町38　TEL／024-565-3436

**なかやパン店（ガトーナカヤ）**
**（クリームボックス P.84）**
営業時間：7時～19時／定休日：1月1日、2日
福島県郡山市開成3-12-12　TEL／024-932-2133

**大友パン店（クリームボックス P.84）**
営業時間：平日・土曜7時30分～19時、
日曜・祝日7時30分～18時／定休日：1月1日～3日、お盆
福島県郡山市虎丸町24-9　TEL／024-923-6536

**ロミオ開成店（クリームボックス　※）**
営業時間：11時～20時（パンがなくなり次第終了）
定休日：無休
福島県郡山市開成1-3-8　TEL／024-921-0110

---

〈栃木県〉

**温泉パン（元祖温泉パン P.51）★** HPから購入可
営業時間：9時～18時／定休日：年末年始
栃木県さくら市早乙女95-6　TEL／028-686-1858

**石窯パン工房 きらむぎ（パンの缶詰 P.53）★**
営業時間：7時～18時／定休日：火曜
栃木県那須塩原市東小屋字砂場368　TEL／0287-74-2900

## 〈東京都〉

**カトレア洋菓子店（元祖カレーパン P.6）**
営業時間：平日7時～19時、祝日8時～18時
定休日：日曜、祝日の月曜
東京都江東区森下1-6-10　TEL／03-3635-1464

**銀座木村家**
**（酒種あんぱん、ジャムパン P.6）★** HPから購入可
営業時間：10時～21時／定休日：大晦日、元日
東京都中央区銀座4-5-7　TEL／03-3561-0091

**関口フランスパン**
**（フランスパン バゲット P.7）**
営業時間：平日・土曜8時～18時、
日曜・祝日8時～17時／定休日：なし
東京都文京区関口2-3-3　TEL／03-3943-1665

**Bakery&Cafe マルジュー大山本店**
**（元祖コッペパン P.7）**
営業時間：7時～22時（イートインは～21時）／定休日：なし
東京都板橋区大山町5-11　TEL／03-5917-0141

**Fariene（ファリーヌ）新宿中村屋 松戸店 ※販売店**
**（こだわりクリームパン P.7）**
営業時間：10時～21時／定休日：アトレ松戸に準ずる
千葉県松戸市松戸1181 アトレ松戸内
TEL／047-365-4757

**チョウシ屋（コロッケパン P.8）**
営業時間：11時～14時30分、16時～18時
定休日：土曜、日曜、祝日
東京都中央区銀座3-11-6　TEL／03-3541-2982

**リバティ（うさぎパン P.12）**
営業時間：7時～19時30分／定休日：水曜
東京都台東区谷中3-2-10　TEL／03-3823-0445

**ニコラス精養堂（食パン P.20）**
営業時間：8時～20時／定休日：日曜、祝日
東京都世田谷区若林3-19-4　TEL／03-3410-7276

**ペリカン（ロールパン P.27）★**
営業時間：8時～17時
定休日：日曜、祝日、夏期休業、年末年始
東京都台東区寿4-7-4
TEL／03-3841-4686（～15時30分まで）

**サンドウイッチパーラー・まつむら（日本橋製パン）**
**（ちくわドッグ P.40）★**
営業時間：7時～18時／定休日：日曜、祝日
東京都中央区日本橋人形町1-14-4
TEL／03-3666-3424

**タカセ（カジノ他）**
**店舗情報→P.102**

## 〈長野県〉

**辰野製パン工場（食パンピーナツ P.23）★**
営業時間：8時30分～18時30分／定休日：なし（日曜は予約注文のみ対応）
長野県上伊那郡辰野町大字平出1818-1　TEL／0266-41-0482

**太豊パン店（食パン P.24）★**
営業時間：7時～18時／定休日：日曜、祝日
長野県飯田市松尾町1-13　TEL／0265-22-1443

**小古井（こごい）菓子店（うずまきパン P.53）**
営業時間：8時～20時／定休日：第3水曜（祝日の場合は翌日）、元日
長野県下高井郡山ノ内町字平穏2114　TEL／0269-33-3288

**矢嶋製パン（頭脳パン他 P.81、P.100）**
長野県長野市信州新町新町26　TEL／026-262-2076

**ブーランジェリーナカムラ（牛乳パン P.86）**
営業時間：7時30分～18時30分
定休日：日曜、祝日（金曜・土曜が祝日の場合は営業）
長野県塩尻市大門七番町　TEL／0263-52-3145

**モンパルノ（牛乳パン P.87）**
営業時間：9時～19時／定休日：日曜
長野県上伊那郡宮田村138　TEL／0265-85-2076

## 〈群馬県〉

**グンイチパン本店**
**（グンイチのカリカリメロンパン P.15）★** HPから購入可
営業時間：8時～19時／定休日：1月1日～3日
群馬県伊勢崎市除ヶ町10　TEL／0270-32-1351（本社）

**新田製パン（メロンパン P.15、昔ながらの給食コッペパン P.37、**
**栄養パン P.48）★** HPから購入可
営業時間：10時～18時（冬期～17時）／定休日：土曜、日曜、祝日
群馬県太田市本町25-33　TEL／0276-25-3001

**アジア製パン所（玉子パン P.27）★** HPから購入可
営業時間：平日8時～18時30分、土曜8時～17時／定休日：日曜、祝日
群馬県前橋市岩神町2-4-26　TEL／027-231-4020

## 〈千葉県〉

**中村屋 館山駅前店（特製あんパン・こしあんパン P.10）★**
営業時間：6時40分～18時／定休日：元日
千葉県館山市北条1882　TEL／0470-23-2133

**山口製菓舗（サンオレ P.39）**
営業時間：平日9時～18時30分、
土曜・日曜10時～18時30分／定休日：火曜
千葉県銚子市清川町2-1122　TEL／0479-22-4588

**木村屋製パン（カステラパン P.64）★**
千葉県東金市東金1275　TEL／0475-52-2202（本社）

〈愛知県〉

**フジパン（スナックサンド P.9**
**※北海道・沖縄除く全国の小売店で販売）**
愛知県名古屋市瑞穂区松園町1-50（フジパン本社）
TEL／052-821-5155（マーケティング部）

**ヨシノパン よしのベイカリー（デセール P.29）**
営業時間：8時～19時／定休日：土曜
愛知県豊橋市宮下町7　TEL／0532-614072

**ヤマトパン（たけの子パン P.51）**
愛知県豊川市古宿町市道43　TEL／0533-86-2147
〈直営店〉ファヴール
営業時間：10時～18時30分／定休日：金曜、土曜、日曜、祝日
愛知県豊川市古宿町市道43　TEL／0533-86-2147

**中屋（あんドーナツ P.61）**
営業時間：9時30分～20時30分／定休日：土曜、日曜
愛知県名古屋市千種区今池1-9-16　TEL／052-731-7945

**〈販売店〉道の駅「藤川宿」（こらくやのシベリヤ P.68）**
営業時間：9時～18時／定休日：なし
愛知県岡崎市藤川町字東沖田44　TEL／0564-66-6031

**八楽（はちらく）製パン（ウエハウスパン P.71）**
営業時間：8時～18時／定休日：土曜
愛知県新城市杉山字柴先17-1　TEL／0536-22-2212

**ボン千賀（パピロ他）**
店舗情報→P.98

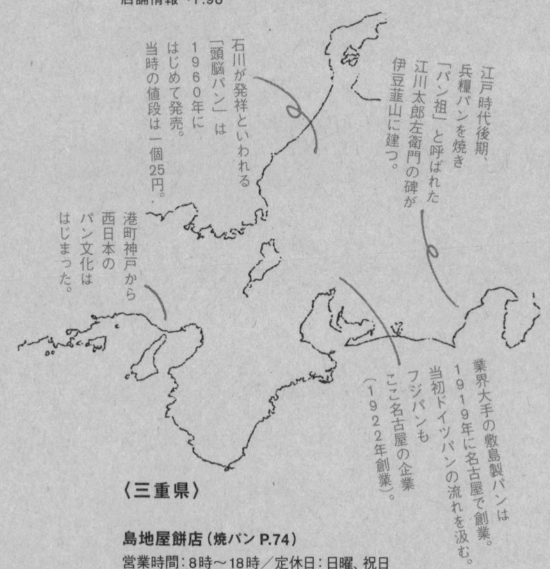


〈三重県〉

**島地屋餅店（焼パン P.74）**
営業時間：8時～18時／定休日：日曜、祝日
三重県伊勢市常磐2-5-19　TEL／0596-28-0930

**丸与製パン所（あんどーなつ他）**
店舗情報→P.92

〈神奈川県〉

**湘南堂（クリームパン P.13）**
営業時間：11時～18時30分／定休日：火曜
神奈川県藤沢市片瀬海岸1-8-36　TEL／0466-22-4727

**ウチキパン（イングランド P.20）**
営業時間：9時～19時
定休日：月曜（月曜が祝日の場合は火曜）
神奈川県横浜市中区元町1-50　TEL／045-641-1161

**コテイベーカリー（シベリア P.69）★** HPから購入可
営業時間：平日・土曜9時～19時、祝日10時～17時
定休日：日曜、臨時休業あり
神奈川県横浜市中区花咲町2-63　TEL／045-231-2944

〈山梨県〉

**丸十山梨製パン 本店（ビーフカレーパン P.26）★**
営業時間：平日6時30分～18時、
土曜・日曜・祝日6時30分～17時
定休日：1月1日、2日
山梨県甲府市丸の内2-28-6　TEL／055-226-3455

**萩原製パン所（学校パン P.47）**
山梨県山梨市落合392　TEL／0553-22-2077
〈販売店〉JAフルーツ山梨直売所 八幡店（9時～17時）

**町田製パン（祝パン P.47）★**
営業時間：8時～19時／定休日：日曜・祝日
山梨県甲州市塩山上於曽401　TEL／055333-2034

〈静岡県〉

**清水屋パン店（ジャムソボロパン P.11）★**
営業時間：6時30分～20時／定休日：日曜
静岡県賀茂郡松崎町江奈228-1　TEL／0558-42-0245

**岡田製パン（岡パンのメロンパン P.15）**
営業時間：8時～18時／定休日：1月1日～3日
静岡県掛川市日坂174　TEL／0537-27-1032

**丸二（まるに）製菓 こんがりあん（キリンちゃん P.28）★**
営業時間：8時～16時／定休日：土曜
静岡県下田市西中12-8　TEL／0558-22-2481

**ヤタロー（かすてらぱん P.62）**
静岡県浜松市東区丸塚町169
TEL／053-461-8150（本社）

**粉とたまごの工房／ふじせいぱん**
**（ようかんぱん P.67）★** HPから購入可
静岡県富士市蓼原1178-3　TEL／0545-51-2128
〈工場直営店〉
営業時間：11時30分～15時30分
定休日：土曜～水曜、年末年始 他

〈京都府〉

**志津屋本店（カルネ P.40）**
営業時間：7時～20時／定休日：なし
京都市右京区山ノ内五反田町10　TEL／075-803-2550

〈大阪府〉

**神戸屋（サンミー P.17）**
大阪府大阪市東淀川区豊新2-16-14
TEL／0120-470-184（神戸屋お客様センター）

〈奈良県〉

**マルツベーカリー（パピロ P.29）**
営業時間：7時～売り切れ次第終了／定休日：日曜
奈良県桜井市桜井196　TEL／0744-42-3447

〈和歌山県〉

**ララ・ロカレ（くまぐすあんぱん P.10）**
営業時間：9時～18時／定休日：火曜
和歌山県田辺市上屋敷2-6-7　TEL／0739-34-2146

**名方（なかた）製パン（フレッシュロール P.37）**
営業時間：8時～17時30分／定休日：なし
和歌山県和歌山市布引774　TEL／073-444-6418

〈兵庫県〉

**焼きたてのパン トミーズ 魚崎本店（あん食 P.21）**
営業時間：6時30分～18時30分／定休日：なし
兵庫県神戸市東灘区魚崎南町4-2-46
TEL／078-451-7633

**ニシカワ食品（フラワー他）★** HPから購入可
店舗情報→P.99

〈岡山県〉

**ニブベーカリー（倉敷ローマン P.50）★**
岡山県備前市西片上1218-2　TEL／0869-64-2338
〈直営本店〉CAKE & PAIN ミシェール・ニブ
営業時間：7時～19時／定休日：日曜
岡山県備前市西片上1465-2　TEL／0869-63-2535

**岡山木村屋（オレンジドイツコッペ他）★** HPから購入可
店舗情報→P.96

**トングウ（油パン他）**
店舗情報→P.100

〈富山県〉

**富山製パン（ベストブレッド P.17）**
営業時間：7時～20時（なくなり次第終了）／定休日：土曜
富山県富山市秋ヶ島269-1　TEL／076-429-3585

**さわや食品**
**（コーヒースナック P.19、フランスパン P.28）★**
営業時間：平日10時30分～19時、
日曜10時30分～17時／定休日：土曜、祝日の前日
富山県射水市広上2000-35　TEL／0766-51-6388

**清水製パン（ヒスイパン P.65）★**
富山県下新川郡朝日町金山406
TEL／0765-82-0507（本社）

〈石川県〉

**佐野屋製パン（頭脳パン P.80）★**
石川県七尾市矢田町2-10
TEL／0767-52-0665（本社）

**ブランジェタカマツ（ホワイトサンド P.82）**
営業時間：7時～19時／定休日：水曜
石川県金沢市吉原町イ241　TEL／076-258-0241

**多間本家（だまほんけ）（ホワイトパン P.82）**
営業時間：8時～18時／定休日：日曜
石川県珠洲市飯田町12-5　TEL／0768-82-0567

**パンあづま屋（ホワイトサンド P.83）★**
営業時間：月曜～土曜7時30分～20時、
日曜・祝日7時30分～19時／定休日：水曜、第3木曜
石川県小松市土居原町112　TEL／0761-22-2625

〈福井県〉

**だるま屋（かたパン P.74）★**
営業時間：9時～19時／不定休
福井県敦賀市金山72-11-3　TEL／0770-22-5541

**ヨーロッパン キムラヤ**
**（軍隊堅パン P.74）★** HPから購入可
営業時間：9時～18時／定休日：日曜、祝日
福井県鯖江市旭町2-3-20　TEL／0778-51-0502

〈滋賀県〉

**つるやパン本店（サラダパン他）★** HPから購入可
店舗情報→P.96

## 〈鳥取県〉

**亀井堂（サンドイッチP.22、ラスク P.73）★**
鳥取県鳥取市徳尾122　TEL／0857-22-2100（本社）

**神戸ベーカリー 水木ロード店（鬼太郎パン P.54）**
営業時間：9時～18時／定休日：水曜（祝日の場合は翌日）
鳥取県境港市松ヶ枝町31　TEL／0859-44-6265

―――

## 〈島根県〉

**木村家製パン（木村家ROSE P.88）★**
島根県出雲市知井宮町882
TEL／0853-21-1482（本社）

**なんぽうパン（バラパン P.88）★**
営業時間：8時30分～18時／定休日：土曜
島根県出雲市知井宮町1274-6
TEL／0853-21-0062

**杉本パン（ベビーローフ他）★**
店舗情報→P.97

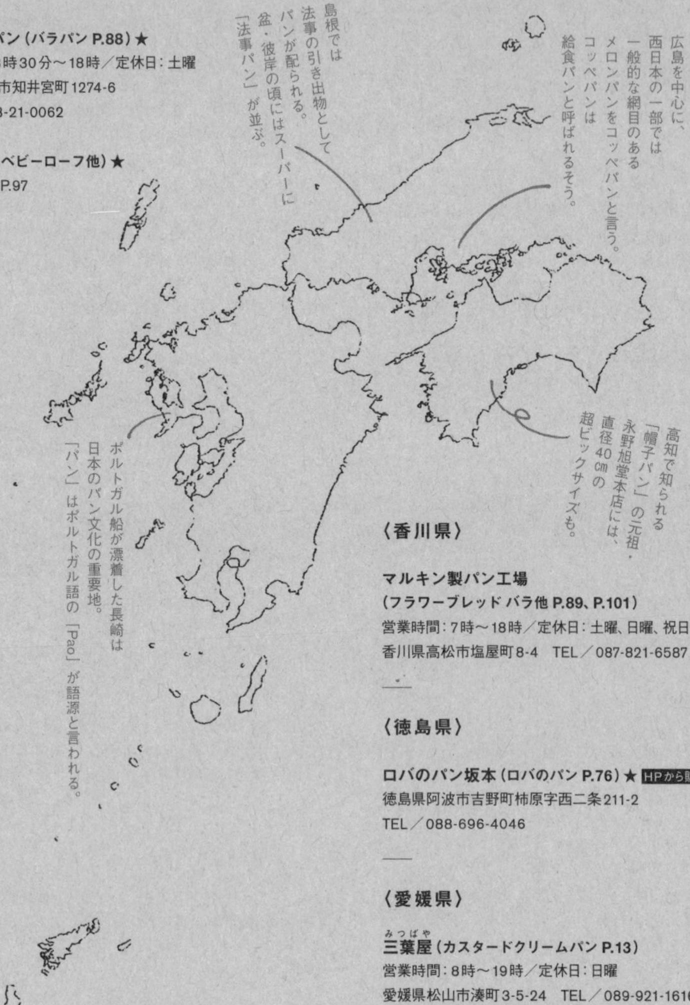

## 〈広島県〉

**オギロパン本店**
**（コッペパン、メロンパン P.14、しゃりしゃりパン P.36）★**
営業時間：平日・土曜7時～19時、
日曜・祝日8時～14時／定休日：元日
広島県三原市皆実3-1-32　TEL／0848-62-2383

**タカキベーカリー（復刻版デンマークロール P.73）**
広島県広島市安芸区中野東3-7-1
TEL／0120-133-110（お客様相談室／9時～17時30分）

**メロンパン本店（メロンパン他）★**
店舗情報→P.94

島根では法事の引き出物としてパンが配られる。盆・彼岸の頃にはスーパーに「法事パン」が並ぶ。

広島を中心に、西日本の一部では一般的な網目のあるメロンパンをコッペパンと言う。コッペパンは給食パンと呼ばれるそう。

高知で知られる「帽子パン」の元祖・永野旭堂本店には、直径40㎝の超ビックサイズも。

ポルトガル船が漂着した長崎は日本のパン文化の重要地。「パン」はポルトガル語の「Pao」が語源と言われる。

## 〈香川県〉

**マルキン製パン工場**
**（フラワーブレッド バラ他 P.89、P.101）**
営業時間：7時～18時／定休日：土曜、日曜、祝日
香川県高松市塩屋町8-4　TEL／087-821-6587

―――

## 〈徳島県〉

**ロバのパン坂本（ロバのパン P.76）★** HPから購入可
徳島県阿波市吉野町柿原字西二条211-2
TEL／088-696-4046

―――

## 〈愛媛県〉

**三葉屋（みつばや）（カスタードクリームパン P.13）**
営業時間：8時～19時／定休日：日曜
愛媛県松山市湊町3-5-24　TEL／089-921-1616

〈佐賀県〉

**アメリカパン（ダイヤミルク P.37）**
営業時間：平日8時〜17時、土曜8時〜14時
定休日：日曜
佐賀県鹿島市大字納富分2904
TEL／0954-62-3218

**欧風パン ナカガワ（きな粉パン P.45）**
営業時間：9時〜19時／定休日：日曜
佐賀県鳥栖市松原町1725-5　TEL／0942-83-7832

---

〈長崎県〉

**蜂の家 レストラン**
**（カレーパン P.26）★** HPから購入可
営業時間：11時30分〜22時／定休日：なし
長崎県佐世保市栄町5-9 サンクル2番館1階
TEL／0956-24-4522

**ぱんのいえ思案橋店（本家サラダパン P.43）**
営業時間：月曜〜木曜12時〜翌3時、
金曜・土曜12時〜翌4時／定休日：日曜
長崎県長崎市本石灰町2-13
TEL／095-881-7676（本店）

**パン工房 蓮三（かもめパン P.51）**
営業時間：7時〜18時30分／定休日：なし
長崎県諫早市川床町258-1　TEL／0957-56-9870

---

〈鹿児島県〉

**イケダパン（シンコム3号 P.51、ラビットパン P.67）**
鹿児島県始良市平松5000
TEL／0995-65-8611（本社）

---

〈沖縄県〉

**ハマキョーパン（ファミリーロール P.29）**
沖縄県糸満市西崎町4-15
TEL／098-992-2037（本社）

**富士製菓製パン**
**（うず巻パン P.70）★** HPから購入可
沖縄県宮古島市平良字西里1135-1
TEL／0980-72-2541（本社）

**ぐしけん（なかよしパン他）**
店舗情報→P.97

〈高知県〉

**菱田ベーカリー（羊羹ぱん P.66）★** HPから購入可
高知県宿毛市和田340-1　TEL／0880-62-0278

**ヤマテパン 工場店（ぼうしパン P.85）★**
営業時間：9時〜17時／定休日：日曜、年末年始
高知県高知市南久保16-10　TEL／088-884-9966

**永野旭堂本店（ぼうしパン他 P.85、P.95）★** HPから購入可
高知県高知市南川添23-1
TEL／088-884-9300（本社）

---

〈福岡県〉

**東京堂パン国分店（ホットドッグ P.41）**
営業時間：6時〜18時
定休日：年末年始、お盆、5月5日
福岡県久留米市国分町216　TEL／0942-21-9658

**木村屋工場売店（ホットドッグ P.41）**
営業時間：7時30分〜19時30分／定休日：1月1日
福岡県久留米市津福本町1377
TEL／0942-32-6311

**シロヤ いっぴん通り店（サーフィン P.72）**
営業時間：8時〜22時／定休日：なし
福岡県福岡市博多区博多駅中央街1番1号
TEL／092-409-2682

**スピナ（くろがね堅パン P.75）★**
福岡県北九州市八幡東区平野2-11-1
TEL／093-681-7350（商業レジャー部堅パン課）

**リョーユーパン（マンハッタン他）**
店舗情報→P.101

---

〈熊本県〉

**高岡製パン工場（ネギパン P.46）**
営業時間：8時〜19時／定休日：日曜
熊本県熊本市東区栄町1-11　TEL／096-368-2550

**真生堂（バターソフト他）**
店舗情報→P.102

---

〈宮崎県〉

**ミカエル堂（ジャリパン P.36）**
営業時間：8時〜17時30分／定休日：日曜、祝日
宮崎県宮崎市大塚町権現昔865-3
TEL／0985-47-1680

memo

甲斐みのり●文筆家。1976年静岡生まれ。大阪芸術大学卒業後、数年を京都で過ごし、現在は東京にて活動。旅、散歩、お菓子、手みやげ、クラシックホテルや建築など、女性が好み憧れるモノやコトを主な題材に、書籍や雑誌に執筆。街歩きや手みやげなどをテーマにしたカルチャースクールの講師も務める。『甘く、かわいく、おいしいお菓子』『お菓子の旅』（共に主婦の友社）、『気持ちが伝わるおいしい贈りもの』（大和書房）、『東海道新幹線 各駅停車の旅』『電車でめぐる富士山の旅』（共にウェッジ）、『はじめましての郷土玩具』（小社）など著書多数。

# 地元パン手帖

2016年 2月25日 初版第1刷発行
2018年 9月25日 初版第8刷発行

著 者 甲斐みのり

発行者 長瀬 聡
発行所 株式会社 グラフィック社
〒102-0073
東京都千代田区九段北 1-14-17
TEL：03-3263-4318
FAX：03-3263-5297
http://www.graphicsha.co.jp
振替 00130-6-114345

印刷・製本 図書印刷株式会社
編 集 三浦万紀子
大庭久実（グラフィック社）



ISBN978-4-7661-2828-4 C0077


本書に掲載した情報は
一部を除き2016年1月現在のものです。